MY READING COACH

LEVEL 1

📄 정답과 해설은 EBS 중학사이트(mid.ebs.co.kr)에서 다운로드 받으실 수 있습니다.

| 교재
내용
문의 | 교재 내용 문의는 EBS 중학사이트
(mid.ebs.co.kr)의 교재 Q&A
서비스를 활용하시기 바랍니다. | 교 재
정오표
공 지 | 발행 이후 발견된 정오 사항을 EBS
중학사이트 정오표 코너에서 알려 드립니다.
교재학습자료 → 교재 → 교재 정오표 | 교재
정정
신청 | 공지된 정오 내용 외에 발견된 정오 사항이 있다면
EBS 중학사이트를 통해 알려 주세요.
교재학습자료 → 교재 → 교재 선택 → 교재 Q&A |

중학 내신 영어 해결사
MY COACH 시리즈

MY READING COACH

LEVEL 1

Contents

About the Book

본책

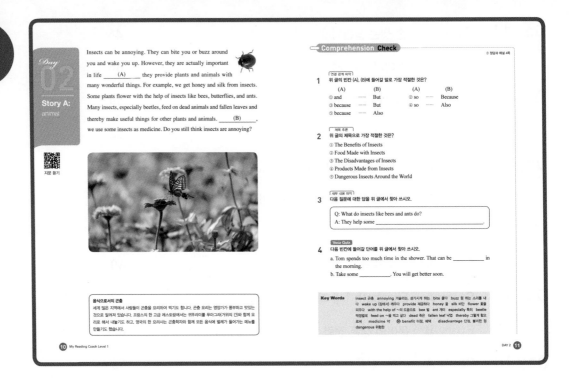

1 리딩 지문

과학, 문화, 시사, 스포츠 등 흥미롭고 신선한 소재의 글을 다양한 형식으로 제공하였습니다.

2 독해 문항

○ 읽기 영역 성취 기준에 근거해 선다형, 서술형, 논술형 문항으로 적절히 구성하였습니다.

○ 지문에 나온 단어를 이용한 영영풀이, 유사어, 반의어 등 다양한 형식의 어휘 연습으로 어휘력 신장에 도움이 되도록 하였습니다.

3 TIP

글의 소재에 관한 추가 정보, 관련된 재미있는 일화나 문화 정보 등을 제공하여 좀더 풍부한 학습이 이루어지도록 하였습니다.

4 QR코드

지문 아래에 있는 QR코드를 스캔하여 원어민이 읽어주는 지문을 바로 들어볼 수 있습니다. (QR코드는 EBS 초등 애플리케이션을 통해 이용하실 수 있습니다.)

1 단어 확인 문제

지문과 선택지에 나오는 주요 단어를 제시하여 손으로 써보면서 암기 여부를 다시 한 번 확인하도록 하였습니다.

2 영작 훈련 문제

앞서 학습한 지문 중 일부 문장을 우리말에서 영어로 옮기는 훈련을 통하여 날로 비중이 높아지는 중학 서술형 평가에 대비할 수 있도록 하였습니다.

▣ 동영상 강의 제공

본 교재의 내용은 무료 동영상 강의로 제공됩니다. EBS 홈페이지에 접속해서 EBS 선생님과 함께 재미나게 학습해 보세요. 학습한 내용 중 궁금한 것은 강의 Q&A 게시판을 통해 질문할 수 있습니다.

Day 01

Story A:
language

지문 듣기

Do you know the saying "like chalk and cheese"? It means that two things are very different from each other. Then, how about "as cool as a cucumber"? You use this phrase when you describe a calm and confident person. Do you like apple pies? Well, if things are in good order, we say, "Everything is in apple-pie order." Also, when something is really easy, you can say, "It's a piece of cake." Lastly, when someone's face turns red, we can say, "He is as red as a beet." Now you know, _____!

*beet 비트(채소의 일종)

음식과 관련된 표현들
'chalk and cheese'는 영국에서 주로 쓰이는 표현으로 '서로 아주 다른 두 가지'라는 의미를 가집니다. 분필과 치즈는 겉보기에는 비슷해 보이지만 사실은 완전히 다른 것으로, 미국식 표현으로는 'apples and oranges'가 있습니다.

1 〔 빈칸 추론 〕
위 글의 빈칸에 들어갈 말로 가장 적절한 것은?

① you can't describe food

② food isn't only for eating

③ food can't describe people

④ you should know about food

⑤ food is only used for cooking

2 〔 어구 의미 파악 〕
다음 중 위 글에서 언급한 표현이 알맞게 쓰인 것은?

① The English test was a piece of cake.

② What a mess! Your room is in apple-pie order.

③ I am just like my sister. We are like chalk and cheese.

④ My mother screamed at me. She was as cool as a cucumber.

⑤ When he saw a scary movie, he turned pale. His face was as red as a beet.

3 〔 문장 완성 〕
위 글의 표현을 사용하여 다음 우리말 뜻과 같도록 영어 문장을 완성하시오.

> 나는 매일 아침 책상을 깨끗이 정돈한다.
>
> → I put my desk _____ every morning.

Voca Quiz

4 다음 빈칸에 들어갈 단어를 위 글에서 찾아 쓰시오.

a. A _____ is a long thin vegetable with a hard green skin.

b. Tina is always _____ and confident. She never gets upset.

Key Words   saying 말, 속담 chalk 분필 mean 의미하다, 뜻하다 different 다른 cucumber 오이 phrase 어구, 구 describe 설명하다 calm 차분한, 조용한 confident 자신감 있는 in good order 질서 정연하게 something 무언가 easy 쉬운 piece 조각 lastly 마지막으로 someone 누군가 face 얼굴 turn (어떤 상태로) 되다, 변하다 ⓝ mess 엉망인 상태 scream 소리지르다 scary 무서운 pale 창백한

Birthdays are important for children all around the world. Some birthday traditions are similar but others are very different. In Bolivia, when a girl turns 16, she wears a white dress and dances a waltz with her father and young men. Instead of birthday cakes, Russians eat birthday pies. (ⓐ) When a South African becomes 21, their parents give him or her a key. (ⓑ) The key means unlocking the door to their future. (ⓒ) In Holland, they have "crown" years. (ⓓ) On those years, a birthday child receives a large gift. (ⓔ) Lastly, in Italy, people pull the child's ears as many times as their birthday age.

이스라엘 생일 전통
이스라엘에서는 생일을 맞은 아이를 의자에 앉히고 생일 나이에 1을 더한 수만큼 의자를 들어 올리는 전통이 있습니다.

Comprehension Check

[연결 관계 파악]

1 위 글의 흐름으로 보아, 주어진 문장이 들어가기에 가장 적절한 곳은?

> Those are special birthday years such as 5, 10, 15, 20, and 21.

① ⓐ   ② ⓑ   ③ ⓒ   ④ ⓓ   ⑤ ⓔ

[세부 내용 파악]

2 각국의 생일 전통이 위 글의 내용과 일치하지 <u>않는</u> 것은?

① Bolivia: dance a waltz
② Russia: eat a birthday pie
③ South Africa: receive a key
④ Holland: receive a crown
⑤ Italy: pull the birthday child's ears

[세부 내용 파악]

3 다음 질문에 대한 답을 위 글에서 찾아 쓰시오.

> Q: Why do South African parents give a key to their child on their 21st birthday?
>
> A: Because _____.

Voca Quiz

4 다음 빈칸에 들어갈 단어를 위 글에서 찾아 쓰시오. (필요한 경우 형태를 바꿀 것)

a. Jane danced a _____ with Tim at the party.
b. Kings and queens wear golden _____ on their heads.

Key Words   all around the world 전 세계적으로   tradition 전통   similar 유사한   turn (어떤 나이·시기가) 되다   waltz 왈츠(춤의 일종)   instead of ~ 대신에   unlock 열다   future 미래   Holland 네덜란드   crown 왕관   receive 받다   gift 선물   pull 잡아당기다
ⓞ special 특별한   such as ~와 같은

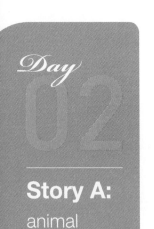

Insects can be annoying. They can bite you or buzz around you and wake you up. However, they are actually important in life _____(A)_____ they provide plants and animals with many wonderful things. For example, we get honey and silk from insects. Some plants flower with the help of insects like bees, butterflies, and ants. Many insects, especially beetles, feed on dead animals and fallen leaves and thereby make useful things for other plants and animals. _____(B)_____, we use some insects as medicine. Do you still think insects are annoying?

지문 듣기

음식으로서의 곤충
세계 많은 지역에서 사람들이 곤충을 요리하여 먹기도 합니다. 곤충 요리는 영양가가 풍부하고 맛있는 것으로 알려져 있습니다. 프랑스의 한 고급 레스토랑에서는 귀뚜라미를 푸아그라(거위의 간)와 함께 요리로 해서 내놓기도 하고, 영국의 한 요리사는 곤충학자와 함께 모든 음식에 벌레가 들어가는 메뉴를 만들기도 했습니다.

Comprehension Check

1 [연결 관계 파악]

위 글의 빈칸 (A), (B)에 들어갈 말로 가장 적절한 것은?

(A)	(B)	(A)	(B)
① and	…… But	② so	…… Because
③ because	…… But	④ so	…… Also
⑤ because	…… Also		

2 [제목 추론]

위 글의 제목으로 가장 적절한 것은?

① The Benefits of Insects
② Food Made with Insects
③ The Disadvantages of Insects
④ Products Made from Insects
⑤ Dangerous Insects Around the World

3 [세부 내용 파악]

다음 질문에 대한 답을 위 글에서 찾아 쓰시오.

> Q: What do insects like bees and ants do?
> A: They help some _____.

4 Voca Quiz

다음 빈칸에 들어갈 단어를 위 글에서 찾아 쓰시오.

a. Tom spends too much time in the shower. That can be _____ in the morning.

b. Take some _____. You will get better soon.

Key Words　insect 곤충　annoying 거슬리는, 성가시게 하는　bite 물다　buzz 윙 하는 소리를 내다　wake up (잠에서) 깨우다　provide 제공하다　honey 꿀　silk 비단　flower 꽃을 피우다　with the help of ~의 도움으로　bee 벌　ant 개미　especially 특히　beetle 딱정벌레　feed on ~을 먹고 살다　dead 죽은　fallen leaf 낙엽　thereby 그렇게 함으로써　medicine 약　❶ benefit 이점, 혜택　disadvantage 단점, 불리한 점　dangerous 위험한

지문 듣기

Sometimes people lie. ⓐHow can you tell? ⓑWhen people lie, they often touch their noses or blink their eyes quickly. ⓒAlso, some people look away or look down when they lie. ⓓOthers lie for good reasons. ⓔThere is a fast way of distinguishing lies from truth. Ask a person a question. Does the person answer slowly? Then that person may be lying. It usually takes people 0.5 seconds to answer a question. But when people lie, you can see <u>a different response</u>. It's because they need more time to come up with an answer.

거짓말 구별법
사람들이 하루 평균 듣는 거짓말은 10개에서 200개라고 합니다. 낯선 사람들도 처음 만난 10분 간 평균 세 번 정도 서로에게 거짓말을 한다고 합니다. 이에 거짓말을 하는 사람을 구분하기 위해 사람들은 이야기의 불일치성, 얼굴이 붉어지거나 눈을 깜박거림, 벌름거리는 코, 거짓 미소, 질문을 다시 반복하여 묻기, 대화 회피하기, 시선 회피하기 등을 살펴보라고 합니다.

1 [연결 관계 파악]

위 글의 흐름으로 보아, ⓐ~ⓔ 중 전체 흐름과 관계 <u>없는</u> 문장은?

① ⓐ   ② ⓑ   ③ ⓒ   ④ ⓓ   ⑤ ⓔ

2 [세부 내용 파악]

위 글의 밑줄 친 a different response가 의미하는 것으로 가장 적절한 것은?

① 코를 만지작거린다.

② 대답을 유창하게 한다.

③ 눈을 심하게 깜박거린다.

④ 상대방의 눈을 못 쳐다본다.

⑤ 대답할 때 평소보다 시간이 더 걸린다.

3 [어구 의미 파악]

다음 빈칸에 공통으로 들어갈 어구를 위 글에서 찾아 쓰시오.

- Don't _____ _____ when you walk.
- I'm shy. I _____ _____ when I talk to people.

4 [Voca Quiz]

다음 빈칸에 들어갈 단어를 위 글에서 찾아 쓰시오. (필요한 경우 형태를 바꿀 것)

a. Mike opened and closed his eyes very quickly. He _____ his eyes.

b. How many _____ are there in an hour?

Key Words   lie 거짓말하다; 거짓말   tell 알다   touch 만지다   blink (눈을) 깜박이다   quickly 빨리   look away 눈길을 돌리다   look down 아래를 보다   reason 이유   distinguish 구별하다   question 질문   answer 답하다   slowly 느리게   usually 보통   take (시간이) 걸리다   second (시간 단위) 초   response 반응, 응답   need 필요로 하다   come up with ~을 떠올리다   ⓝ shy 수줍어하는

Day 03

Story A:
story

지문 듣기

Jennifer is still _____(A)_____ thanks to her dog, Jack. One day, she was lying down on the couch with her lovely dog. But then, with no reason, Jack started to stare into her eyes and sniff her. After that, he jumped onto Jennifer, and she suddenly felt pain in her stomach. She visited a doctor right away. Surprisingly, the doctor found cancer in her body. She was able to get surgery a week later. Jack was always with her when she was sick in bed. Jennifer finally _____(B)_____, and Jack was indeed her best friend.

개의 후각

개는 후각이 뛰어난 것으로 유명합니다. 경찰견으로서 냄새로 폭발물을 찾아내고 사람을 수색하기도 하는데, 개의 재능은 여기서 끝이 아닙니다. 미국의 과학지 『사이언티픽 아메리칸』은 실제로 개가 사람의 암을 발견할 수 있다는 글을 실었습니다. 암을 탐지하는 개의 능력이 최초로 보고된 것은 1989년 영국 의학저널 『더 랜싯』을 통해서였습니다. 당시 저널은 한 반려견이 매일 주인의 허벅지에 있는 까만 부위에 코를 킁킁댔는데 그것이 악성 종양으로 판명됐다고 보도했습니다.

Comprehension Check

➲ 정답과 해설 6쪽

1 [빈칸 추론]

위 글의 빈칸 (A), (B)에 들어갈 말로 가장 적절한 것은?

(A)	(B)	(A)	(B)
① awake	······ relaxed	② awake	······ recovered
③ alive	······ arrived	④ alive	······ recovered
⑤ healthy	······ arrived		

2 [전후 관계 파악]

위 글에서 일이 일어난 순서와 일치하도록 다음 그림을 바르게 배열하시오.

ⓐ   ⓑ   ⓒ   ⓓ

  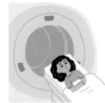 

_____ → _____ → _____ → _____

3 [세부 내용 파악]

다음 질문에 대한 답을 위 글에서 찾아 쓰시오.

> Q: What happened when Jack jumped onto Jennifer?
>
> A: She _____.

4 Voca Quiz

다음 빈칸에 들어갈 단어를 위 글에서 찾아 쓰시오.

a. A man is sitting on the _____. He is reading a book.

b. I almost fell over because the bus _____ started.

Key Words   still 여전히   thanks to ~ 덕분에   lie down 누워 있다   couch 긴 소파   lovely 사랑스러운   reason 이유   stare 응시하다   sniff 냄새를 맡다   suddenly 갑자기   pain 통증   stomach 배, 위   visit 방문하다   right away 당장   surprisingly 놀랍게도   cancer 암   be able to ~할 수 있다   surgery 수술   later 후에   always 항상   sick in bed 아파서 누워 있는   finally 마침내   indeed 정말로   ❹ awake 깨어있는   alive 살아 있는   recover 회복하다   arrive 도착하다

지문 듣기

Boxing Day, the 26th of December, is a national holiday in many western countries. It has a long history. In the Middle Ages, it was a non-working day for servants. Servants worked hard for their masters on Christmas, so their masters wanted to thank (A)them for their hard work. The day after Christmas, the masters put food and fruit in boxes and gave (B)them to their servants as gifts. The servants opened the boxes at home and shared the gifts with their family. Today, people call the box a 'Christmas Box.' They put money and gifts in a 'Christmas box' and (people / it / to / in need / give).

Boxing Day를 기념하는 나라들
영국, 홍콩, 호주, 캐나다 등의 나라들이 Boxing Day를 기념하고 있습니다. 독일, 폴란드, 스칸디나비아, 네덜란드와 같은 유럽 국가에서는 the Second Christmas Day라고 부르기도 합니다.

1 　[제목 추론]
위 글의 제목으로 가장 적절한 것은?

① Holidays of the World
② The Origin of Boxing Day
③ Special Events on Christmas Eve
④ Boxing: One of the Most Popular Sports
⑤ The Meaning of Christmas in the Middle Ages

2 　[지칭어 파악]
위 글의 밑줄 친 (A)와 (B)가 각각 가리키는 것을 찾아 쓰시오.

(A): _____

(B): _____

3 　[세부 내용 파악]
다음 우리말과 의미가 같도록 위 글의 괄호 안에 주어진 단어를 바르게 배열하시오.

> 그것을 도움이 필요한 사람들에게 준다.

_____

4 　Voca Quiz
다음 빈칸에 들어갈 단어를 위 글에서 찾아 쓰시오.

a. *Taegeukgi* is the _____ flag of Korea.

b. There is a saying, "A friend in _____ is a friend indeed."

Key Words 　December 12월　national 나라의　holiday 휴일, 명절　western 서양의　country 나라, 국가　history 역사　the Middle Ages 중세 시대　non-working 일을 하지 않는　servant 하인　hard 열심히; 힘든　master 주인　thank A for B B에 대해 A에게 감사를 표현하다　share 나누다, 공유하다　call 부르다　in need 도움이 필요한, 궁핍한　❶ origin 유래, 기원

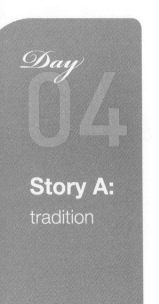

지문 듣기

When American children lose a tooth, they put it under their pillow. A tooth fairy comes and takes their tooth at night. She puts money in its place. Actually, the tooth fairy is not real. The real tooth fairy is the mother or father. In Mexico, the tradition is similar to the tradition in America. _____, the tooth fairy is a mouse instead of a fairy. In France, the tooth fairy leaves a gift instead of money. Slovenian parents put candy under the pillow for a tooth. Although the traditions are different around the world, <u>they</u> make children happy because children get something for their lost teeth.

이가 목걸이로?
바이킹들은 아이들의 이가 빠지면 아이에게 돈을 지불하고 빠진 이를 사서 목걸이나 다른 장신구들로 만들어 전쟁터에 나갈 때 착용하기도 했답니다.

➲ 정답과 해설 8쪽

Comprehension Check

➲ 정답과 해설 8쪽

연결 관계 파악

1 위 글의 빈칸에 들어갈 말로 가장 적절한 것은?

① However ② Finally ③ Therefore
④ For instance ⑤ In addition

지칭어 파악

2 위 글의 밑줄 친 they가 가리키는 것을 찾아 쓰시오.

_____

세부 내용 파악

3 위 글의 내용과 일치하지 <u>않는</u> 것은?

① 미국 아이들은 이가 빠지면 빠진 이를 베개 밑에 놓는다.
② 치아 요정은 실제로는 존재하지 않는다.
③ 멕시코에서 치아 요정은 요정이 아니라 생쥐이다.
④ 프랑스에서는 치아 요정이 치아를 가져가며 그 자리에 돈을 놓는다.
⑤ 슬로베니아 부모들은 치아의 대가로 베개 밑에 사탕을 놓는다.

Voca Quiz

4 다음 빈칸에 들어갈 단어를 위 글에서 찾아 쓰시오.

a. His _____ aches. He has to go to the dentist.
b. I sleep well if I use this _____. It feels soft under my head.

Key Words　lose 잃다　tooth 이, 치아　pillow 베개　fairy 요정　take 가져가다　place 장소, 곳　actually 사실　real 실제의　tradition 전통　similar to ~와 비슷한　mouse 생쥐　leave 남기다　Slovenian 슬로베니아의　lost 잃어버린(lose의 과거분사)

Do you know about "seeing eye dogs"? These dogs are like the eyes of blind people. ⓐThey receive training for several months. After the training, ⓑthey live with a blind person. Their job is very important. With the help of the dogs, blind people can walk around the city. They can avoid danger, like cars, bicycles, and holes in the road. ⓒSeeing eye dogs wait for green lights and cross the street safely with blind people. ⓓThey are often cute, so people sometimes touch them. But, ⓔthey should not do that. It can interrupt their work.

> **맹인안내견의 종류**
> 맹인안내견으로는 셰퍼드가 주로 사용되며, 이밖에 리트리버 종 등 지능이 뛰어난 개가 이용되는데, 대부분은 암컷입니다.

1 〔 지칭어 파악 〕
위 글의 밑줄 친 ⓐ~ⓔ 중 가리키는 대상이 나머지 넷과 다른 것은?

① ⓐ ② ⓑ ③ ⓒ ④ ⓓ ⑤ ⓔ

2 〔 세부 내용 파악 〕
시각장애인들이 도시를 걸어 다닐 때 'seeing eye dogs'가 하는 일 두 가지를 위 글에서 찾아 우리말로 쓰시오.

(1) _____

(2) _____

3 〔 세부 내용 파악 〕
다음 중 위 글을 읽고 답할 수 없는 질문은?

① What are seeing eye dogs?
② How long do seeing eye dogs receive training?
③ Where do seeing eye dogs live after the training?
④ What are the jobs of seeing eye dogs?
⑤ What shouldn't seeing eye dogs do?

4 〔 Voca Quiz 〕
다음 빈칸에 들어갈 단어를 위 글에서 찾아 쓰시오.

a. Mr. Song can't see. He is _____.
b. Your brother is studying now. Turn down the volume. Do not _____ him.

Key Words blind 시각장애의 receive 받다 training 훈련 several 몇몇의 live 살다 avoid 피하다 danger 위험 hole 구멍 road 길, 도로 wait for ~을 기다리다 cross 건너다 safely 안전하게 often 자주, 흔히 cute 귀여운 sometimes 때때로, 가끔 interrupt 방해하다

Story A:
mythology

지문 듣기

Zeus, father of all the Greek gods, fell in love with Kallisto. When Zeus's wife, Hera, found out about <u>this</u>, she became very jealous. So Hera turned pretty Kallisto into a great bear. After a while, Kallisto's son Arktos went hunting in the forest. When he saw the bear, he was about to kill it with his arrow. However, the bear was actually his mother. Zeus didn't want Kallisto to die, so he turned Arktos into a bear as well. Then, he threw them far up into the sky. Now, Kallisto and her son Arktos shine brightly together in the North Pole sky!

큰곰자리와 작은곰자리 (Ursa Major & Ursa Minor)
큰곰자리의 꼬리에 해당하는 국자 모양의 북두칠성을 줄여놓은 듯한 별자리인 작은곰자리는 작은 국자에 비유되는데, 국자의 손잡이는 작은 곰의 꼬리를 나타냅니다. 이 꼬리의 끝에 있는 별이 바로 북극성입니다.

22 My Reading Coach Level 1

Comprehension Check

세부 내용 파악

1 위 글을 읽고 답할 수 <u>없는</u> 질문은?

① Who is Zeus?

② Who is Arktos's mother?

③ Why did Kallisto die?

④ What was Arktos doing in the forest?

⑤ What did Zeus do to Arktos?

지칭어 파악

2 위 글의 밑줄 친 this가 가리키는 내용을 우리말로 쓰시오.

_____

세부 내용 파악

3 다음 질문에 대한 답을 위 글에서 찾아 완성하시오.

Q: Why did Zeus turn Arktos into a bear?

A: Because Zeus _____ _____ Arktos to _____ Kallisto.

Voca Quiz

4 다음 빈칸에 들어갈 단어를 위 글에서 찾아 쓰시오.

a. _____ is a popular activity in which people catch wild animals.

b. Stars _____ brightly in the sky at night.

Key Words   Zeus (그리스 신화) 제우스 Greek 그리스의 god 신 fall in love with ~와 사랑에 빠지다 find out 알아내다 jealous 질투하는 turn A into B A를 B로 바꾸다 after a while 얼마 후 hunting 사냥 forest 숲 be about to 막 ~하려고 하다 kill 죽이다 arrow 화살 actually 사실, 실제로 die 죽다 as well 또한, 역시 throw 던지다 far 멀리 shine 빛나다 brightly 밝게 together 함께 North Pole 북극

Story B:
food

지문 듣기

In many Asian countries, people love to use ginger as a primary spice for many of their foods. ⓐ It has a strong taste. ⓑ They love it because it adds flavor to foods. ⓒ Ginger is important to them for another reason. ⓓ Many people don't like ginger as a spice. ⓔ To them, it is not just a spice. It's a good _____. It cures and prevents colds, coughs, sore throats, fevers, upset stomachs, motion sickness, etc. They know about the health benefits of ginger, so they use it as a home remedy.

> **뿌리가 아니에요!**
> 우리가 식용 또는 약용으로 사용하는 생강은 실제로 생강의 뿌리(root)가 아니라 뿌리줄기(rhizome)
> 랍니다.

Comprehension Check

1 [연결 관계 파악]

위 글의 흐름으로 보아, ⓐ~ⓔ 중 전체 흐름과 관계 <u>없는</u> 문장은?

① ⓐ   ② ⓑ   ③ ⓒ   ④ ⓓ   ⑤ ⓔ

2 [빈칸 추론]

위 글의 빈칸에 들어갈 말로 가장 적절한 것은?

① sign   ② taste   ③ spice

④ flavor   ⑤ medicine

3 [세부 내용 파악]

위 글의 밑줄 친 the health benefits of ginger를 설명하는 문장을 찾아 쓰시오.

_____

Voca Quiz

4 다음 빈칸에 들어갈 단어를 위 글에서 찾아 쓰시오. (필요한 경우 형태를 바꿀 것)

a. If we drive slowly when it's snowing, we can _____ car accidents.

b. Koreans drink hot ginger tea when they have a cold. It's a home

_____.

Key Words   Asian 아시아의 use 사용하다 ginger 생강 as ~로서 primary 주요한 spice 양념
food 음식 strong (맛 등이) 강한 taste 기호, 맛 add 더하다 flavor 풍미, 맛
another 또 다른 cure 치료하다 prevent 예방하다 cold 감기 cough 기침 sore
throat 인후염 fever 열 upset stomach 배탈 motion sickness 멀미 etc. ~ 등등
benefit 이점, 혜택 home remedy 민간 치료법 ❶ sign 신호, 표시 medicine 약

지문 듣기

Are hamburgers the oldest type of fast food? No. Kebabs are. A kebab is a kind of barbecued meat. ⓐ Kebabs are very popular around the world. People put ⓑ them between pieces of bread with vegetables and make something like a sandwich. Turkish soldiers first invented ⓒ them in the Middle Ages. The soldiers had to cook fast. ⓓ They pushed a sword into meat and cooked it over fire. Today, we use a metal stick instead of a sword. People turn the stick slowly over fire to cook ⓔ them.

세상에서 가장 큰 햄버거
2011년에 미국 Alameda County에서 가장 큰 햄버거가 만들어졌습니다. 만드는 데 14시간이 걸린 이 햄버거는 기네스 기록에 따르면 약 352kg의 무게가 나갔습니다.

세부 내용 파악

1 위 글의 내용과 일치하지 <u>않는</u> 것은?

① The oldest fast food is a hamburger.

② Kebabs are popular food around the world.

③ People eat kebabs like sandwiches.

④ Turkish soldiers first made kebabs.

⑤ Turkish soldiers could cook kebabs fast.

세부 내용 파악

2 위 글의 내용과 일치하도록 빈칸에 알맞은 말을 쓰시오.

Nowadays, people push a _____ _____ into meat when they make kebabs. However, Turkish soldiers in the Middle Ages used a _____.

지칭어 파악

3 위 글의 밑줄 친 ⓐ~ⓔ 중 가리키는 대상이 나머지 넷과 <u>다른</u> 것은?

① ⓐ   ② ⓑ   ③ ⓒ   ④ ⓓ   ⑤ ⓔ

Voca Quiz

4 다음 단어의 뜻풀이를 찾아 연결하시오.

a. metal   •   • ① to make, design, or think of something new

b. invent   •   • ② to cook food over fire

c. barbecue   •   • ③ hard material such as iron, steel, and gold

Key Words   type 종류   a kind of ~의 일종, 일종의 ~   barbecued 바비큐 된   meat 고기   popular 인기 있는   between ~ 사이에   bread 빵   vegetable 채소   Turkish 터키의   soldier 군인   invent 발명하다   sword 검   metal 금속의; 금속   stick 막대   instead of ~ 대신에   turn 돌리다

Do you know the name of the bird in the pictures? It is a bald eagle. Look at the bird again. Is it bald? No, it's not! It may look bald because of its white head. <u>It</u> contrasts with its dark body feathers. (ⓐ) Then, why is it called a bald eagle? (ⓑ) 'Balde' means 'white.' (ⓒ) When bald eagles are born, their color is light gray. (ⓓ) They turn brown when they get older. (ⓔ) When they're four to five years old, they normally have white heads and tails. You can spot them easily from a distance because of their white heads.

흰머리독수리
머리의 흰털 때문에 대머리처럼 보이는 흰머리독수리는 북아메리카에서 볼 수 있는 맹금류의 하나로, 캐나다 대부분과 알래스카, 미국 본토에 걸쳐 서식합니다. 미국에서는 1782년 의회에서 나라새로 지정되었는데, 그 당시 나라새 후보로 칠면조(turkey)가 거론되었지만, 힘과 용기를 갖춘 새로 미국을 상징하는 데 잘 어울린다고 보아 흰머리독수리가 선택되었다고 합니다.

Comprehension Check

1 위 글의 흐름으로 보아, 주어진 문장이 들어가기에 가장 적절한 곳은?

> It's because 'bald' comes from an old English word, 'balde.'

① ⓐ   ② ⓑ   ③ ⓒ   ④ ⓓ   ⑤ ⓔ

2 bald eagle에 관한 위 글의 내용과 일치하지 <u>않는</u> 것은?

① 하얀색 머리 때문에 대머리처럼 보이지만 대머리가 아니다.
② 'balde'는 옛 영어 단어인 'bald'에서 유래된 말이다.
③ 태어날 때는 밝은 회색이다.
④ 자라면서 갈색으로 변한다.
⑤ 네다섯 살이 되면 머리와 꼬리가 하얀색이 된다.

3 위 글의 밑줄 친 <u>It</u>이 가리키는 것을 찾아 쓰시오.

_____

4 다음 빈칸에 들어갈 단어를 위 글에서 찾아 쓰시오.

a. My grandfather is _____. He has no hair on his head.
b. This bag is as light as a _____. I can lift it with my finger.

Key Words bald 대머리의 eagle 독수리 contrast 대조[차이]를 보이다 feather 깃털 call 부르다
be born 태어나다 light 밝은 gray 회색 turn ~으로 변하다, ~하게 되다 normally
보통 tail 꼬리 spot 발견하다, 찾다 easily 쉽게 from a distance 멀리서

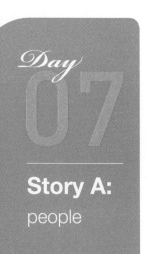

지문 듣기

Can a blind man become an archer? Well, Im Donghyun is "legally blind," and he became a famous archer in Korea. He has 20/200 vision. What he can see at 20 feet, others can see at 200 feet. To him, the target looks like smudged paint. _____ his poor eyesight, he set the world record in the 2004 Olympic Games. After eight years, he set a new world record at the 2012 Olympics. The secret of his ability is numerous hours of hard work.

*archer 궁수   *smudged 얼룩진, 번진

20/20 Vision

한국에서 시력을 얘기할 때 "내 시력은 2.0이다."라고 말하는데, 영어로는 "I have 20/20 vision."이라고 말합니다. 이것은 시력 검사 시 글자가 적힌 판을 20피트 거리에서 정확하게 읽을 수 있다는 것을 의미합니다. "/"다음에 오는 숫자가 높으면 높을수록 시력이 나쁜 것입니다.

Comprehension Check

연결 관계 파악

1 위 글의 빈칸에 들어갈 말로 가장 적절한 것은?

① Thanks to   ② Instead of   ③ Despite

④ Because of   ⑤ Due to

요지 추론

2 위 글이 주는 교훈으로 가장 적절한 것은?

① Easy come, easy go.

② Better late than never.

③ Practice makes perfect.

④ Honesty is the best policy.

⑤ Empty vessels make the most sound.

요약문 완성

3 위 글의 내용과 일치하도록 빈칸에 알맞은 말을 쓰시오.

> Im Donghyun is nearly _____, but he _____ world records in the Olympics.

Voca Quiz

4 다음 빈칸에 들어갈 단어를 위 글에서 찾아 쓰시오.

a. Some K-pop stars are _____ around the world. Many people in other countries know of them.

b. He is a man of great _____. He can do many things without difficulty.

Key Words   blind 시각장애의   legally 법적으로   famous 유명한   vision 시력   foot 피트(길이의 단위로 약 30.48cm, 복수형은 feet)   target 표적   poor eyesight 약시, 좋지 않은 시력   set the world record 세계기록을 세우다   secret 비결, 비밀   ability 능력   numerous 수많은   ⓐ despite ~에도 불구하고   due to ~ 때문에   practice 연습   honesty 정직   policy 정책, 방침   vessel 그릇, 용기   nearly 거의

지문 듣기

In the past, during the war, women had to think of clever ways of using food to feed their families. Meat was important for protein. Some people kept chickens, rabbits or pigs in their garden. Others joined a 'pig club.' They gave their food scraps to a farmer to feed a pig. When the pig was killed, they shared the meat. People were careful not to waste food. (ⓐ) They cooked every part of the pig. (ⓑ) However, most people ate better during the war than before it. (ⓒ) They ate more fruit and vegetables, and less fat and sugar. (ⓓ) Wartime meals were healthier than some of the food we eat today. (ⓔ)

Pig Club
"It was the rationing of meat which concerned wartime civilians most."
(전시의 시민들이 가장 걱정하는 것은 고기의 배급이었습니다.)
전쟁 당시 이웃들은 'Pig Club'을 구성하여 몇 마리의 돼지를 같이 소유하고 길렀습니다. 부엌에서 나오는 음식쓰레기는 모두 모아져서 돼지들을 먹이는 데 쓰였습니다. 돼지를 도살한 후 클럽의 구성원들은 부위를 나누거나 베이컨으로 만들어 먹으며 전쟁 시 필요한 고기를 공급받았습니다.

⊃ 정답과 해설 15쪽

1 〔 연결 관계 파악 〕

위 글의 흐름으로 보아, 주어진 문장이 들어가기에 가장 적절한 곳은?

> They even cooked the feet and the tail.

① ⓐ   ② ⓑ   ③ ⓒ   ④ ⓓ   ⑤ ⓔ

2 〔 목적 추론 〕

위 글의 목적으로 가장 적절한 것은?

① 전쟁의 위험성을 경고하려고
② 전쟁의 비참함을 보도하려고
③ 전쟁 동안의 식생활을 소개하려고
④ 전쟁 시 건강 관리의 중요함을 알리려고
⑤ 전쟁 시 음식 보급의 어려움을 알리려고

3 〔 세부 내용 파악 〕

위 글의 밑줄 친 'pig club'에서 하는 일을 다음과 같이 요약하고자 한다. 빈칸에 알맞은 말을 찾아 쓰시오.

> People in the 'pig club' gave their _____ _____ to a farmer and got some of the _____ after the pig was killed.

4 〔 Voca Quiz 〕

다음 빈칸에 들어갈 단어를 위 글에서 찾아 쓰시오.

a. I have only two _____ a day. I don't eat breakfast.

b. Don't _____ that to the animals. Human food isn't good for them.

Key Words

during ~ 동안에 war 전쟁 think of ~에 대해 생각하다 clever 영리한 way 방법, 방식 feed 밥을 먹이다; 먹이를 주다 meat 고기 protein 단백질 keep (동물을) 기르다 garden 정원 join 가입하다 scrap 찌꺼기, 남은 음식 farmer 농부 share 나누다, 공유하다 waste 낭비하다 fat 지방 wartime 전시 meal 식사, 끼니 healthy 건강한, 건강에 좋은 ⓝ even 심지어 foot 발(복수형: feet) tail 꼬리

지문 듣기

Which freezes first in the freezer, cold water or hot water? The answer is hot water. It may sound ridiculous, but it is true in certain conditions. This phenomenon is the "Mpemba Effect." Actually, this interesting idea started in the age of Aristotle, but people didn't pay attention to it at that time. In 1963, Mpemba, a Tanzanian high school student, observed it while he was making ice cream with hot milk and sugar in his science class. _____ he introduced it to modern scientists, they started to study this scientific phenomenon. However, scientists couldn't prove it. It's still unclear why this happens.

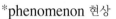

*phenomenon 현상

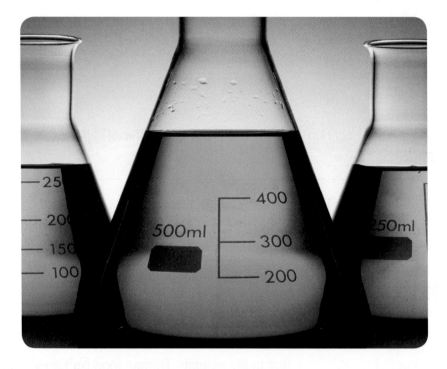

Interesting Science Trivia(흥미로운 과학 정보)
• Babies have more bones than adults.
  (아기는 성인보다 뼈가 더 많다.)
• Humans share 60 % of their DNA with a banana.
  (인간은 DNA의 60%가 바나나와 같다.)
• The nails on long fingers grow faster than those on short fingers.
  (긴 손가락의 손톱은 짧은 손가락의 손톱보다 빨리 자란다.)

Comprehension Check

1 [연결 관계 파악]
위 글의 빈칸에 들어갈 말로 가장 적절한 것은?

① Before   ② After   ③ If

④ While   ⑤ Although

2 [세부 내용 파악]
밑줄 친 Mpemba Effect에 대해 알 수 없는 것은?

① What is it?

② Why does it happen?

③ When did the idea start?

④ When did Mpemba discover it?

⑤ Who introduced it to modern scientists?

3 [요약문 완성]
위 글의 내용과 일치하도록 다음 빈칸에 알맞은 말을 쓰시오.

> **Mpemba Effect**: _____ water freezes faster than _____
> water in certain conditions.

4 [Voca Quiz]
다음 빈칸에 들어갈 단어를 위 글에서 찾아 쓰시오.

a. You speak English very well. You _____ like a native English speaker.

b. In this Information _____, you can easily find a lot of information.

Key Words   freeze 얼다   freezer 냉동고   sound ~처럼 들리다   ridiculous 이상한, 우스꽝스러운   true 사실인   certain 어떤, 특정한   condition 조건   age 시대   pay attention to ~에 주목하다   at that time 그 당시에   Tanzanian 탄자니아의   observe 관찰하다   introduce A to B A를 B에게 소개하다   modern 현대의   scientific 과학적인   prove 증명하다   still 여전히, 아직도   unclear 불분명한, 모호한   happen 일어나다

How can bullfighters stand still in front of wild bulls? Aren't they afraid? They do that because they know about bulls. Actually, the color red doesn't make bulls crazy. In fact, like most mammals, they are red-green color blind. To their eyes, _____. Instead, bulls are very sensitive to quick, sudden movement because it is often a sign of danger. They want to protect themselves from danger, so they rush the moving object. They charge the red cape because it is moving, not because it is red. Bullfighters understand this type of behavior of bulls.

*mammal 포유동물

> **적록색맹(red-green color blind)**
> 여자보다 남자가 색맹일 확률이 높다고 하는데요, 보통 12명 중 한 명의 남자가 색맹이라고 합니다. 대개 빨간색과 초록색을 구분하지 못하는 적록색맹이 가장 많다고 합니다.

⊃ 정답과 해설 17쪽

1 [빈칸 추론]
위 글의 빈칸에 들어갈 말로 가장 적절한 것은?

① red is a sign of danger

② red is the most exciting color

③ a bullfighter's red cape is gray

④ crazy bulls are the most dangerous

⑤ bullfighters are protecting them from danger

2 [지칭어 파악]
위 글의 밑줄 친 this type of behavior of bulls가 의미하는 것을 찾아 우리말로 쓰시오.

_____

3 [요약문 완성]
위 글의 내용을 다음과 같이 요약할 때, 빈칸에 알맞은 말을 위 글에서 찾아 쓰시오.

> Bulls are sensitive to _____ objects but not to _____
> objects. Bulls see a red cape as a sign of _____ because
> bullfighters move them quickly. So, they rush to bullfighters to
> _____ themselves.

Voca Quiz

4 다음 빈칸에 들어갈 단어를 위 글에서 찾아 쓰시오.

a. I like painting _____ life things such as flowers or vases, because they don't move.

b. Your dog always barks so much and jumps on people. You should try to change its _____.

Key Words   bullfighter 투우사   still 가만히; 움직이지 않는   in front of ~의 앞에   wild 사나운, 흥분한   bull 황소   afraid 두려워하는   crazy (미친 듯이) 성난   in fact 사실   red-green color blind 적록색맹의   instead 그 대신에   sensitive 민감한   sudden 갑작스러운 movement 움직임   danger 위험   protect 보호하다   themselves 그들 자신   rush 덤벼들다, 공격하다   moving 움직이는   object 물체   charge ~에 돌진하다   cape 망토 type 유형   behavior 행동   ⓛ exciting 흥분시키는

Do you know what Margherita pizza is? It is the most beloved type of Italian pizza. This kind of pizza first appeared in 1889. That year, an Italian queen was traveling around her country. During the trip, she saw some farmers. They were eating pizza. The queen was curious about the food. She met with a famous chef, Raffaele Esposito, and told him about it. Then, he made a special pizza for her. The pizza had the three colors of the Italian flag: green basil, white mozzarella cheese, and red tomatoes. This became the queen's favorite pizza. Its name was Margherita, the queen's name.

*basil 바질(허브의 일종)

지문 듣기

피자의 유래
피자는 그리스의 동그랗고 납작한 빵인 '삐따(pitta)'에 어원을 두고 있습니다. 다양한 토핑을 얹는 오늘날의 피자의 형태는 피자가 이탈리아에 건너온 후 피자에 토마토를 첨가해 만들면서 완성되었다고 합니다.

Comprehension Check

1 [주제 추론]

위 글의 주제로 가장 적절한 것은?

① 이탈리아 국기의 색깔
② 마르게리타 피자의 탄생
③ 마르게리타 왕비의 일생
④ 마르게리타 피자 만드는 방법
⑤ 이탈리아의 다양한 피자 종류

2 [요약문 완성]

위 글을 다음과 같이 요약할 때, 빈칸에 알맞은 말을 쓰시오.

> The pizza was named Margherita after _____ Magherita.
> It has the three colors of the Italian national _____: green,
> _____, and _____.

3 [전후 관계 파악]

위 글에서 일어난 일의 순서와 일치하도록 다음 그림을 바르게 배열하시오.

ⓐ   ⓑ   ⓒ   ⓓ

_____ → _____ → _____ → _____

4 Voca Quiz

다음 빈칸에 들어갈 단어를 위 글에서 찾아 쓰시오.

a. There's a new student in Minji's class. She wants to know about him. She is _____ about him.

b. On national holidays, we put the national _____ in front of our house.

Key Words   beloved 사랑받는   Italian 이탈리아의   kind 종류   appear 나타나다   queen 여왕 travel 여행하다   during ~ 동안   trip 여행   farmer 농부   curious 궁금한   chef 요리사   special 특별한   flag 깃발   mozzarella 모차렐라 (치즈)   favorite 가장 좋아하는

지문 듣기

People call a baobab tree an "upside-down tree." For nine months of a year, it has no leaves. The branches without leaves look like _____. So actually it looks upside down. There is a funny story about the upside-down tree. A long time ago, a baobab tree said to a god, "Make my fruit tasty." The tree asked and asked. The god was so tired of listening. So he picked up the tree and planted it upside down. That way, it couldn't talk and ask anymore.

바오밥나무
『어린왕자』에 등장해서 유명해진 바오밥나무는 마다가스카르에서는 신성한 나무로 여겨서, 구멍을 뚫고 사람이 그 안에 들어가 살기도 합니다. 열매가 달려 있는 모양이 쥐가 달린 것 같이 보여서 '죽은 쥐나무(dead rat tree)'라고도 합니다.

Comprehension Check

1 [빈칸 추론]

위 글의 빈칸에 들어갈 말로 가장 적절한 것은?

① trees   ② roots   ③ fruit

④ leaves   ⑤ flowers

2 [세부 내용 파악]

다음 질문에 대한 답을 위 글에 쓰인 표현을 이용하여 완성하시오.

> Q: Why did the god plant the baobab tree upside down?
> A: Because the god _____.

3 [어구 의미 파악]

다음 빈칸에 공통으로 들어갈 어구를 위 글에서 찾아 쓰시오.

> · He _____ _____ trash on the ground.
> · John _____ _____ clothes from the dry cleaners on his way home.

4 `Voca Quiz`

다음 빈칸에 들어갈 단어를 위 글에서 찾아 쓰시오.

a. Leaves, flowers, and fruit grow on _____ of a tree.

b. The dessert was sweet and _____.

Key Words   upside-down 거꾸로 뒤집힌   leaf 잎(복수형은 leaves)   branch 가지   without ~ 없는, ~ 없이   look like ~처럼 보이다   funny 재미있는   fruit 열매   tasty 맛있는   ask 요청하다   pick up 뽑다   plant 심다   anymore 더 이상

Story A:
story

지문 듣기

A young woman was waiting for her flight. She bought a book and a package of cookies. She sat down in an armchair and read her book. A man sat down in the chair next to her and read his magazine. She took a cookie from the package. Then, the man took one. She took another and he took another. She was upset. Eventually, there was only one cookie in the package. The man took the last cookie, divided it in half, and gave her one half. She was really angry. She walked to the gate. Later, she looked into her bag for her eyeglasses. Her package of cookies was there.

> **Four things you cannot recover** (돌이킬 수 없는 네 가지)
> • The stone ... after it's thrown (날아간 돌)
> • The word ... after it's said (뱉은 말)
> • The occasion ... after it's lost (놓쳐버린 기회)
> • Time ... after it's gone (지나간 시간)

⊃ 정답과 해설 20쪽

1 [전후 관계 파악]

위 글에서 일어난 일의 순서와 일치하도록 다음 그림을 바르게 배열하시오.

ⓐ   ⓑ   ⓒ   ⓓ

_____ → _____ → _____ → _____

2 [세부 내용 파악]

다음 질문에 대한 답을 위 글에서 찾아 완성하시오.

Q: What did the man do with the last cookie?

A: He _____ .

3 [내용 추론]

위 글의 내용을 바탕으로 빈칸에 알맞은 말을 쓰시오.

She thought the man ate her cookies. But, in fact, she _____
_____ _____ .

4 [Voca Quiz]

다음 빈칸에 들어갈 단어를 위 글에서 찾아 쓰시오. (필요한 경우 형태를 바꿀 것)

a. Can you split an apple in half with your hands? I can _____ it
into four pieces.

b. A _____ is a trip by airplane.

Key Words   wait for ~을 기다리다   flight 비행   package 봉지   armchair 팔걸이의자   next to
~ 옆에   magazine 잡지   take 먹다, 잡다   upset 화가 난   eventually 결국, 마침내
only 오직   last 마지막의   divide 나누다   half 반; 절반으로   gate 탑승구, 게이트   look
into 살펴보다   eyeglasses 안경

There's something strange with rocks in Death Valley. Death Valley is a large desert, and it is famous for moving rocks. The rocks move themselves and leave long marks on the ground. Sometimes they move 200 meters! Nobody knew why these mysterious rocks moved. Scientists tried to solve the mystery. They made maps of the moving rocks. At last, they _____. In the daytime, Death Valley is hot, but it becomes cold at night. Water on the ground changes into thin ice. Then strong winds move the rocks on the ice! In the morning, the sun dries up the ground and only the marks are left on it.

죽음의 골짜기
Death Valley(죽음의 골짜기)는 미국 캘리포니아 주와 네바다 주에 걸쳐 있는 사막으로, 여행자와 동물이 가끔 쓰러지는 경우가 있어 Death Valley(죽음의 골짜기)라고 불리게 되었습니다.

Comprehension Check

1 빈칸 추론

위 글의 빈칸에 들어갈 말로 가장 적절한 것은?

① moved rocks

② found the answer

③ saw rocks changing

④ gave up solving the mystery

⑤ made maps of the moving rocks

2 지칭어 파악

위 글의 밑줄 친 the mystery가 가리키는 것을 우리말로 쓰시오.

_____

3 세부 내용 파악

위 글의 내용과 일치하지 <u>않는</u> 것은?

① Death Valley는 움직이는 바위들로 유명하다.

② 바위들은 200미터를 움직이기도 한다.

③ 과학자들은 움직이는 바위의 지도를 만들었다.

④ Death Valley의 땅에 있는 물은 밤에 얼음으로 변한다.

⑤ 아침에 태양이 얼음을 녹여 물이 되면 물에 의해 바위가 움직인다.

4 Voca Quiz

다음 단어의 뜻풀이를 찾아 연결하시오.

a. strange ·   · ① a detailed drawing of a part of the earth

b. map ·   · ② the surface of the earth

c. ground ·   · ③ unusual or weird

Key Words   strange 이상한   rock 바위   desert 사막   moving 움직이는   leave 남기다   mark 표시, 자국   ground 땅   nobody 누구도 ~아닌   mysterious 불가사의한   solve 해결하다   mystery 신비   map 지도   at last 마침내   daytime 낮, 주간   thin 얇은   dry up 마르게 하다

지문 듣기

When we wash our hands, we can ⓐ<u>remove</u> 99.8% of the germs on them. Doctors say, "Most illnesses are spread by not washing your hands. Make a regular ⓑ<u>habit</u> of washing your hands. That way, you can ⓒ<u>prevent</u> about 70% of illnesses." Do you want to stay healthy? Then, ⓓ<u>forget</u> these simple rules: First, wash your hands ⓔ<u>regularly</u>. Wash them before eating and cooking, after using the bathroom, after blowing your nose or coughing, and after playing outside. Second, when you wash your hands, wash them for more than 30 seconds. If you follow these rules, you'll be healthier and you won't get sick as often!

세균 예방을 위한 손 씻기 5단계
1. 깨끗한 물에 손 적시기
2. 비누칠하기
3. 손을 비비면서 모든 면에 20초 동안 골고루 문지르기 (생일축하 노래 2번 정도 부르기)
4. 깨끗한 물로 헹구기
5. 손 말리기

Comprehension Check

⊃ 정답과 해설 22쪽

1 (요지 파악)

위 글의 요지로 가장 적절한 것은?

① Germs spread easily by hands.

② Soap is good for cleaning dirty hands.

③ You should listen to the doctor carefully.

④ Your bad eating habits can make you sick.

⑤ You can prevent illnesses by washing your hands.

2 (어휘 의미 파악)

위 글의 밑줄 친 @~ⓔ 중, 글의 흐름상 낱말의 쓰임이 적절하지 <u>않은</u> 것은?

① @   ② ⓑ   ③ ⓒ   ④ ⓓ   ⑤ ⓔ

3 (세부 내용 파악)

다음 질문에 알맞은 응답을 위 글에서 찾아 완성하시오.

Q: How long should we wash our hands?

A: We should wash our hands _____.

4 Voca Quiz

다음 빈칸에 들어갈 단어를 위 글에서 찾아 쓰시오. (필요한 경우 형태를 바꿀 것)

a. Being kind, helpful, and honest are _____ of my class. You should follow them.

b. I caught a bad cold so I kept _____ the whole night. Now, my throat hurts.

Key Words   remove 없애다 germ 세균 most 대부분의 illness 질병 spread 퍼지다 regular 규칙적인 habit 습관 prevent 예방하다 about 대략 stay 유지하다 forget 잊다 simple 간단한, 단순한 rule 규칙 bathroom 욕실, 화장실 blow one's nose 코를 풀다 cough 기침하다 follow 따르다 get sick 아프다 ❶ by hands 손에 의해

Story B:
animal

지문 듣기

We use words when we communicate with each other. Like us, ants also communicate. But they don't use words as their language. They use smells. We mix words together to make sentences when we communicate. Then how do ants make "sentences"? They mix smells to make "sentences." Each smell has its own meaning. Some mean food and others mean danger. Ants smell with their antennas. Their antennas are like noses. If you watch ants carefully, you can see them touch each other with their antennas. Also, each group has a unique smell. So the ants know if other ants are from another group by smelling.

개미들의 의사소통 방법
개미는 거대한 조직처럼 무리 지어 생활하며 향기(페로몬), 접촉, 소리, 몸짓 등을 통해 의사소통을 합니다. 개미의 더듬이는 바로 이 의사소통의 열쇠입니다. 그들은 식민지 활동에서 영토 정복에 이르기까지 광범위한 주제를 '냄새 맡을' 수 있답니다.

⊃ 정답과 해설 23쪽

Comprehension Check

1 〔 제목 추론 〕
위 글의 제목으로 가장 적절한 것은?

① How Ants Smell

② How Ants Communicate

③ Why Ants Use Antennas

④ The Meaning of Each Smell

⑤ The Unique Smell of Each Ant

2 〔 세부 내용 파악 〕
위 글의 내용과 일치하는 것은?

① 개미들은 단어들로 의사소통한다.

② 개미들은 한 가지 냄새로 뜻을 전달한다.

③ 개미들은 냄새를 섞어서 의사소통한다.

④ 개미들은 '음식'을 뜻하는 냄새를 가지고 있지 않다.

⑤ 개미들의 더듬이는 귀와 같은 역할을 한다.

3 〔 어휘 의미 추측 〕
다음 설명에 해당하는 단어를 위 글에서 찾아 쓰시오.

_____ : to exchange information, ideas, and news with somebody

4 〔 Voca Quiz 〕
다음 빈칸에 들어갈 단어를 위 글에서 찾아 쓰시오.

a. Put milk and eggs in a bowl and _____ them well.

b. I think these shoes are _____. They have feathers on the sides.

Key Words　word 단어　communicate 의사소통하다　each other 서로　language 언어　smell 냄새; 냄새를 맡다　mix 섞다　sentence 문장　meaning 의미　mean 의미하다, 뜻하다　antenna 더듬이, 안테나　carefully 조심스럽게, 주의 깊게　unique 독특한

Story A:
story

지문 듣기

Can you believe that one time a turtle was made to look like a burger? It actually happened. And, more surprisingly, a man tried to take it on a flight. He wrapped his pet turtle with a burger wrapper. Then, he put his (A)<u>live</u> hamburger into his suitcase. Unfortunately, his plan to carry his turtle aboard failed. An airport official who was checking baggage found something strange on the X-ray screen: A hamburger which looked like a turtle! When the official asked the man about (B)<u>it</u>, he said, "There is no turtle in my bag, just a hamburger." Of course, the official didn't believe him. Why did the man try to take his turtle on the flight? He said that he didn't want to leave his best friend alone.

비행기 탑승이 거절된 애완동물들
한 태국 여성은 새끼 호랑이를 비행기에 데리고 타려고 시도하였습니다. 그러나 2달 된 새끼 호랑이의 심장소리가 공항의 엑스레이 기계를 통해 감지되었답니다. 2012년에 페루에서 벌레를 수집하던 한 독일인 부부는 옷 속에 200개의 타란툴라(독거미의 일종) 및 다른 곤충들을 반입하려다 걸렸다고 합니다.

Comprehension Check

세부 내용 파악

1 위 글의 내용과 일치하지 <u>않는</u> 것은?

① 남자는 애완동물을 보호하기 위해서 종이로 감쌌다.

② 애완동물을 비행기에 태우려는 남자의 계획은 실패했다.

③ 공항 직원은 남자의 가방에서 특이한 것을 발견했다.

④ 남자는 공항 직원에게 가방의 물건에 대해 거짓말을 했다.

⑤ 남자는 그의 애완동물과 함께 있고 싶어 했다.

어휘 의미 파악

2 다음 밑줄 친 부분 중 위 글의 밑줄 친 (A)live와 같은 의미로 쓰인 것은?

① We cannot <u>live</u> without water.

② We <u>live</u> with our grandparents.

③ We saw a <u>live</u> snake in the zoo.

④ I cannot <u>live</u> without music.

⑤ She will <u>live</u> in our memory forever.

지칭어 추론

3 위 글의 밑줄 친 (B)<u>it</u>이 가리키는 내용을 우리말로 쓰시오.

_____

Voca Quiz

4 다음 빈칸에 들어갈 단어를 위 글에서 찾아 쓰시오. (필요한 경우 형태를 바꿀 것)

a. We didn't want to _____, so we tried hard to succeed.

b. She wanted to be _____, so she told us to get out of her room.

Key Words　believe 믿다　turtle 거북　look like ~처럼 보이다　happen 일어나다, 생기다
surprisingly 놀랍게도　take 데려가다　wrap 포장하다, 싸다　pet 애완동물　live 살아
있는　suitcase 여행 가방　unfortunately 불행히도　aboard 탑승한　fail 실패하다
official 직원　baggage 짐　X-ray 엑스레이　screen 화면　of course 물론　leave
남겨두다　alone 혼자인

This mysterious animal is gigantic. It has the body of an elephant, the head of a horse, and the tail of a lizard. It's a dragon. Many cultures think of dragons in different ways. In Asian countries, dragons are important in myths. ⓐ<u>They</u> are wise and powerful. ⓑ<u>They</u> give advice and bring good luck. Some people think of dragons as gods or symbols of their kings. _____, in western countries, dragons are powerful and magical animals, but ⓒ<u>they</u> aren't really good. They are evil animals and people fear them. ⓓ<u>They</u> breathe fire. People don't try to protect dragons; ⓔ<u>they</u> try to kill them.

동양과 서양의 용 생김새
서양의 용은 뱀과 같은 몸에 박쥐같은 큰 날개를 가지고 있지만 동양의 용은 날개가 없고 다리가 많은 것이 특징입니다.

1 〔 연결 관계 파악 〕
위 글의 빈칸에 들어갈 말로 가장 적절한 것은?

① And　　　　　② Because　　　　　③ However
④ Therefore　　　⑤ As a result

2 〔 요약문 완성 〕
위 글을 다음과 같이 요약할 때, 빈칸에 알맞은 말을 위 글에서 찾아 쓰시오.

> Asian people think of dragons as wise and _____ animals.
> Unlike Asian people, western people think of dragons as _____
> animals, so they try to _____ them.

3 〔 지칭어 추론 〕
위 글의 밑줄 친 ⓐ~ⓔ 중, 가리키는 대상이 나머지 넷과 다른 것은?

① ⓐ　　　② ⓑ　　　③ ⓒ　　　④ ⓓ　　　⑤ ⓔ

4 〔 Voca Quiz 〕
다음 빈칸에 들어갈 단어를 위 글에서 찾아 쓰시오.

a. When I share my problems with my friends, they tell me their thoughts.
   They give me good _____.
b. There is a _____ dog in front of my house. It's very big and
   frightening.

Key Words　　mysterious 신비로운　gigantic 거대한　elephant 코끼리　tail 꼬리　lizard 도마뱀
dragon 용　culture 문화　myth 신화　powerful 강력한　advice 조언　bring 가져다
주다　good luck 행운　symbol 상징　western 서양의　magical 마력이 있는　evil 악
한　fear 두려워하다　breathe 숨을 내쉬다, 내뿜다　protect 보호하다

Day 13

Story A:
art

지문 듣기

Do you like listening to music? Then, how about Mozart's music? Some scientists studied the effects of Mozart's music on learning. When children under 3 listened to his music, their brains developed faster. Rauscher, another scientist, experimented on rats. The first group listened to Mozart's sonatas for a few months and the second group didn't. Then, he put them in a maze. Can you guess the result? Surprisingly, the _____(A)_____ group got out of the maze more quickly than the _____(B)_____ group. Although some people question the effect, a lot of pregnant women still listen to Mozart and many teachers play it to their students.

*maze 미로

모차르트 효과

1994년 8월 신경생리학자 프란시스 라우셔 교수 등 4명의 학자들이 대학생들을 상대로 모차르트의 음악 〈두 대의 피아노를 위한 소나타 D장조 K.448〉을 들려주고 난 뒤 공간 추리력을 검사한 결과, 모차르트의 음악을 들려준 그룹이 그렇지 않은 그룹보다 월등히 높은 점수를 받았습니다. 과학적으로 논란은 있지만, 많은 사람들이 여전히 이러한 '모차르트 효과'를 기대하며 그의 음악을 듣습니다.

1
위 글의 빈칸 (A)와 (B)에 알맞은 말을 위 글에서 찾아 쓰시오.

(A): _____   (B): _____

2
위 글의 제목으로 가장 적절한 것은?

① Music and Brain Growth

② The Importance of Music

③ The Father of Music, Mozart

④ The Effects of Mozart's Music

⑤ Reasons to Play Music for Students

3
다음 밑줄 친 부분 중, 위 글의 밑줄 친 question과 같은 의미로 쓰인 것은?

① Do you have a question?

② I never question her judgement.

③ That question wasn't on the exam.

④ She thought deeply about the question.

⑤ Do you know the answer to this question?

4
다음 빈칸에 들어갈 단어를 위 글에서 찾아 쓰시오. (필요한 경우 형태를 바꿀 것)

a. Scientists often _____ on animals like mice or rabbits.

b. His wife is _____. They will become parents next year.

Key Words   listen to ~을 듣다   study 연구하다   effect 효과   learning 학습   brain 뇌
develop 성장하다, 발달하다   experiment 실험하다   rat 쥐   guess 추측하다   result
결과   surprisingly 놀랍게도   quickly 빨리   question 의문을 품다   pregnant 임신한
ⓠ growth 성장   importance 중요성   reason 이유

If you love chocolate chip cookies, you should thank Ruth Wakefield for her lucky mistake in the kitchen. (ⓐ) One day, she wanted to make regular chocolate cookies, but she didn't have chocolate powder. (ⓑ) She thought, "If I break this chocolate bar into small pieces, they will melt and spread throughout the dough while they're baking in the hot oven. They will be chocolate cookies." (ⓒ) When she took the cookies out of the oven, she saw something different. (ⓓ) The chocolate only melted slightly, and was still in pieces. (ⓔ) This was the birth of chocolate chip cookies. A world's favorite snack, chocolate chip cookies, were actually Mrs. Wakefield's

_____.

우연한 발명품

오늘날 우리가 애용하는 물건들 중에 우연히 만들어진 것으로는 **post-its**(포스트잇), **ice cream cones**(아이스크림콘), **popsicles**(막대아이스크림), **corn flakes**(콘플레이크), **potato chips**(포테이토칩) 등이 있습니다.

연결 관계 파악

1 위 글의 흐름으로 보아, 주어진 문장이 들어가기에 가장 적절한 곳은?

> While she was thinking about this problem, she found a bar of sweet chocolate by accident.

① ⓐ   ② ⓑ   ③ ⓒ   ④ ⓓ   ⑤ ⓔ

빈칸 추론

2 위 글의 빈칸에 들어갈 말로 가장 적절한 것은?

① dough   ② snack   ③ mistake   ④ story   ⑤ cookies

요약문 완성

3 위 글의 내용과 일치하도록 알맞은 말을 골라 다음 일기를 완성하시오.

> by accident   mistake   failed
> chocolate cookies   chocolate chip cookies

> Aug. 14th, Tuesday
> Today, I learned about the first chocolate chip cookies. It was very interesting. Mrs. Wakefield made chocolate chip cookies _____.
> She expected to bake regular _____ with a chocolate bar, but she _____. She actually made a different type of cookie, _____. Her _____ was a surprising success.

Voca Quiz

4 다음 빈칸에 들어갈 단어를 위 글에서 찾아 쓰시오. (필요한 경우 형태를 바꿀 것)

a. Mom, all my friends like playing computer games like me. I'm normal. I'm a _____ 13-year-old boy.

b. Don't be afraid of making _____. We learn from them.

Key Words   lucky 행운의   mistake 실수   one day (과거의) 어느 날   regular 보통의, 평범한
powder 가루   break A into pieces A를 조각내다   melt 녹다   spread 퍼지다
throughout 도처에   dough (밀가루) 반죽   oven 오븐   slightly 약간   birth 탄생
❶ by accident 우연히   expect 기대하다   surprising 놀라운

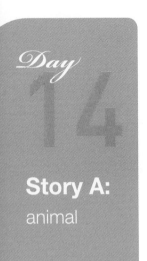

지문 듣기

Most birds build nests for their baby birds, but emperor penguins don't. They use their feet as _____. (ⓐ) A female emperor penguin goes away to sea and looks for food. (ⓑ) The male penguin holds the egg on his feet and keeps it warm. (ⓒ) Eggs should not touch the ice because the baby inside will freeze and die. (ⓓ) In June, it is winter in Antarctica. (ⓔ) The wind there is freezing. Male penguins stay side by side in large groups and keep each other warm. They stand like this for four months. Then the baby penguins come out.

황제펭귄의 허들링(Huddling)
영하 50~60도의 추운 눈보라에서 살아남기 위해 황제펭귄은 100~200마리가 서로 모여 체온을 지키는 허들링을 합니다. 밖에 서 있는 펭귄들이 얼어 죽기 전에 안에 있는 펭귄들이 나와서 교대하며 서로를 보호합니다.

Comprehension Check

1 빈칸 추론

위 글의 빈칸에 들어갈 말로 가장 적절한 것은?

① a carrier   ② a tool   ③ a nest

④ a freezer   ⑤ a house

2 연결 관계 파악

위 글의 흐름으로 보아, 주어진 문장이 들어가기에 가장 적절한 곳은?

> During that time, the male emperor penguin takes care of the egg.

① ⓐ   ② ⓑ   ③ ⓒ   ④ ⓓ   ⑤ ⓔ

3 세부 내용 파악

새끼가 얼어 죽지 않도록 수컷 황제펭귄이 하는 행동을 나타낸 문장을 위 글에서 찾아 쓰시오.

_____

4 Voca Quiz

다음 빈칸에 들어갈 단어를 위 글에서 찾아 쓰시오. (필요한 경우 형태를 바꿀 것)

a. Mommy birds make _____ with branches. They are their houses.

b. Water becomes ice in a freezer. The freezer _____ water.

Key Words   build 짓다   nest 둥지   emperor penguin 황제펭귄   female 암컷   look for ~을 찾다   male 수컷   hold 유지하다   inside 안쪽의   freeze 얼다   Antarctica 남극   freezing 매우 추운   side by side 나란히   stand 서 있다   come out 나오다   ⓞ take care of ~을 돌보다

When we tell time these days, we use clocks and watches. But what did people use in the past? At first, they used the sun. People made sundials. When the sun shone on the pointer, it made a shadow. (ⓐ) People looked at the shadow and knew the time. People also used sand. (ⓑ) They made an hourglass and filled it with sand. It took about an hour for all of the sand to fall through. (ⓒ) They made water clocks, too. Water flowed through a small hole into jars. (ⓓ) Some people used candles. (ⓔ) The candles burned and got smaller as time went by.

최초의 손목시계는 누가 만들었을까?
Alberto Santos-Dumont는 비행기 조종을 위해 정확한 시간을 알 필요가 있었는데, Dumont의 친구인 '보석 세공의 왕' Louis Cartier가 그를 위해 최초의 손목시계를 만들어 주었습니다.

Comprehension Check

연결 관계 파악

1 위 글의 흐름으로 보아, 주어진 문장이 들어가기에 가장 적절한 곳은?

> The amount of water told people the time.

① ⓐ   ② ⓑ   ③ ⓒ   ④ ⓓ   ⑤ ⓔ

요약문 완성

2 위 글을 다음과 같이 요약할 때, 빈칸에 알맞은 말을 쓰시오.

> People in the past used various things when they told _____.
> They used the _____, _____, _____, and
> _____.

세부 내용 파악

3 위 글의 내용과 일치하지 <u>않는</u> 것은?

① 과거의 사람들은 처음에 해를 이용하여 시간을 말했다.
② 해가 해시계 위에 비출 때 생긴 그림자를 보고 시간을 알았다.
③ 모래시계의 모래가 다 떨어지는 데는 하루가 걸렸다.
④ 단지 안에 조그만 구멍을 내어 물시계를 만들었다.
⑤ 양초가 타는 정도에 따라 사람들이 시간을 알 수 있었다.

Voca Quiz

4 다음 빈칸에 들어갈 단어를 위 글에서 찾아 쓰시오. (필요한 경우 형태를 바꿀 것)

a. The little boy followed his mom all day around like a _____.
b. Rivers _____ slowly and steadily to the sea.

Key Words tell time 시간을 알다, 시간을 말하다 these days 요즘, 최근 use 사용하다 past 과거 at first 처음에 sundial 해시계 shine (해가) 비치다(과거형: shone) pointer 바늘 shadow 그림자 sand 모래 hourglass 모래시계 fill 채우다 about 약, 대략 fall 떨어지다 flow 흐르다 hole 구멍 jar 단지 candle 양초 burn 타다 go by (시간이) 흐르다, 지나다

Day
15

Story A:
people

지문 듣기

During the reign of Queen Elizabeth I, explorers made long voyages across the oceans. One of the most famous explorers was Sir Francis Drake. In 1577, he set out in his ship. His journey took three years. Drake returned to England with a rich cargo of gold. He stole this from Spanish ships and settlements in South America. The Spanish complained that Drake was a pirate. But Queen Elizabeth did not <u>mind</u> because Drake gave lots of _____ to her. Sir Humphrey Gilbert was another explorer. He planned to set up the first English settlement in North America. In 1583, he landed in Newfoundland. But he could not stay there long enough to make a settlement. On the voyage home, his ship sank and he drowned.

*reign 통치

프란시스 드레이크 경(Sir Francis Drake)
프란시스 드레이크 경(1540 – 1596)은 지구를 일주한 최초의 영국인이자 해적이었습니다. 그는 엘리자베스 1세 여왕 통치시기에 활약하였으며 영국의 해적인 동시에 해군으로 세계 일주를 완수한 모험가이기도 합니다.

Comprehension Check

1 빈칸 추론

빈칸에 들어갈 말을 위 글에서 찾아 한 단어로 쓰시오.

_____

2 세부 내용 파악

위 글의 내용과 일치하는 것은?

① Drake는 Elizabeth 1세 때 탐험을 했다.

② Drake는 1577년에 영국에 돌아왔다.

③ Drake는 항해를 할 때 스페인 해적을 만났다.

④ Gilbert는 Elizabeth 1세에게 금을 바쳤다.

⑤ Gilbert는 북아메리카에 정착한 최초의 영국인이다.

3 어휘 의미 파악

위 글의 밑줄 친 mind와 같은 의미로 쓰인 것은?

① What's on your mind?

② She studies the human mind.

③ He can read people's minds.

④ Do you mind opening the window?

⑤ All kinds of thoughts were running through my mind.

4 Voca Quiz

다음 빈칸에 들어갈 단어를 위 글에서 찾아 쓰시오.

a. My uncle likes to travel all over the country. Last year he took a _____ for three months.

b. "This room is too cold," Mom _____ to the hotel manager.

Key Words explorer 탐험가 voyage 항해 across ~을 가로질러 ocean 대양 set out 출발하다 journey 여행, 여정 take (시간이) 걸리다 return 돌아오다 cargo 화물 steal 훔치다(과거형: stole) settlement 정착지, 정착 complain 불평하다 pirate 해적 mind 개의하다, 상관하다 set up 세우다 land 착륙하다, 상륙하다 stay 머물다 sink 가라앉다(과거형: sank) drown 익사하다, 물에 빠지다

An octopus has many ways of escaping from its enemies. First, it can hide well. An octopus is able to change the color of its skin. So, its body looks like rocks and sand. Second, an octopus shoots black ink

at its enemies. Then, its enemies cannot see or smell anything. Lastly, ⓐ it uses its eight arms and its beak when ⓑ it fights. ⓒ It holds its enemies tightly and bites them with its strong beak. ⓓ Its beak is hard and sharp, like a parrot's. ⓔ It can even make a hole in a shell.

문어의 생존법
문어는 색소 세포를 가지고 있어 위험한 상황에서 몸의 색깔과 감촉도 같이 변화시킬 수 있습니다. 또한 문어는 적을 마비시키거나 죽일 수 있는 독을 가지고 있습니다. 문어의 팔에 잡히면 빠져 나오기도 힘들지만, 연체동물의 껍데기에 구멍을 내기에 충분할 만큼 딱딱하고 날카로운 부리까지 있습니다.

[세부 내용 파악]

1 다음 그림 중, 문어가 천적을 만났을 때 하는 행동으로 위 글에서 언급되지 <u>않은</u> 것은?

①   ②   ③   ④   ⑤

[세부 내용]

2 다음 질문에 대한 대답을 위 글에서 찾아 완성하시오.

> Q: What happens when an octopus shoots black ink at its enemies?
>
> A: They _____.

[지칭어 추론]

3 위 글의 밑줄 친 ⓐ~ⓔ 중, 가리키는 것이 나머지 넷과 <u>다른</u> 것은?

① ⓐ   ② ⓑ   ③ ⓒ   ④ ⓓ   ⑤ ⓔ

Voca Quiz

4 다음 빈칸에 들어갈 단어를 위 글에서 찾아 쓰시오. (필요한 경우 형태를 바꿀 것)

a. An _____ doesn't like you and wants to harm you.

b. Be careful. The knife is _____.

Key Words octopus 문어 escape 도망치다, 피하다 enemy 천적 hide 숨다 skin 피부 shoot 쏘다 lastly 마지막으로 arm 팔 beak 부리 fight 싸우다 hold 잡다, 쥐다 tightly 세게 bite 물다 hard 딱딱한 sharp 날카로운 parrot 앵무새 hole 구멍 shell 조개 껍데기

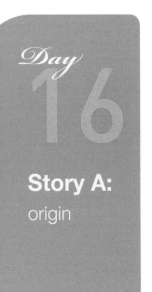

Story A:
origin

지문 듣기

Chewing gum (A) stick / sticks to everything, like chairs and desks. But most people love it. Thomas Adams first made chewing gum in 1869. He boiled natural tree gum and then added flavors. Later in the 1880s, the Fleer brothers made gum in cube style. The gum (B) has / had sugar on the outside. This made sugary gum popular. But it was bad for teeth. Then, in the 1960s, chewing gum companies introduced sugar-free gum. Today, there are many kinds of sugar-free chewing gum. And there (C) is / are also many flavors, from strawberry to vanilla to cola.

* tree gum 나무진

껌을 삼키면 어떻게 될까요?
우리 몸의 소화효소가 대부분의 음식물을 분해하므로 껌이 몸속에 축적될 걱정을 할 필요는 없습니다.
하지만 식도가 좁은 어린이는 위험할 수 있습니다.

Comprehension Check

1

어법성 판단

(A), (B), (C)의 각 네모 안에서 어법에 맞는 표현으로 가장 적절한 것은?

	(A)		(B)		(C)
①	sticks	……	had	……	is
②	stick	……	had	……	are
③	sticks	……	has	……	are
④	stick	……	has	……	is
⑤	sticks	……	had	……	are

2

세부 내용 파악

위 글의 내용과 일치하는 것은?

① 껌은 Fleer 형제가 최초로 만들었다.

② Thomas Adams는 껌에 아무런 맛도 첨가하지 않았다.

③ 1869년에 정육면체 스타일의 껌이 나왔다.

④ 설탕을 바른 껌은 인기가 없었다.

⑤ 1960년대에 처음으로 무설탕 껌이 나왔다.

3

제목 추론

위 글의 제목을 다음과 같이 쓸 때, 빈칸에 알맞은 단어를 쓰시오.

The _____ of _____ Gum

4

Voca Quiz

다음 빈칸에 들어갈 단어를 위 글에서 찾아 쓰시오.

a. This candy tastes like strawberry and watermelon. It has two _____.

b. This coffee is too sweet. You put too much _____ in it.

Key Words   chewing gum 껌   stick to ~에 달라붙다   boil 끓이다   natural 천연의   add 추가하다, 첨가하다   flavor 맛   cube 정육면체   outside 바깥쪽   sugary 설탕이 든   popular 인기 있는   company 회사   introduce 도입하다   sugar-free 무설탕의   strawberry 딸기   vanilla 바닐라

지문 듣기

There once were two brother frogs. One day, they jumped into a jar of milk by accident. They couldn't get out. They just swam around. (ⓐ) The older brother frog said, "We can't get out. We'll drown in the end." The younger frog replied, "Keep swimming. Soon someone will get us out." A few hours passed. (ⓑ) The older brother frog said, "I'm going to stop." (ⓒ) However, the younger one didn't stop swimming. (ⓓ) A few minutes later, he felt something solid under his feet. (ⓔ) The milk turned into cheese and finally, _____.

Cheddar Cheese
세계에서 가장 사랑받고 오랜 역사를 지닌 치즈로는 영국의 체더치즈(**Cheddar Cheese**)가 있습니다. 농장에서 일하는 한 여인이 실수로 동굴 안에 우유를 두고 왔는데, 다시 가보니 그 우유가 변해 지금의 체더치즈가 되었다는 이야기가 전해지고 있습니다.

1 〔 전후 관계 파악 〕
위 글의 흐름으로 보아, 주어진 문장이 들어가기에 가장 적절한 곳은?

> He stopped swimming and drowned in the milk.

① ⓐ   ② ⓑ   ③ ⓒ   ④ ⓓ   ⑤ ⓔ

2 〔 빈칸 추론 〕
위 글의 빈칸에 들어갈 말로 가장 적절한 것은?

① he kept swimming
② he stayed inside the jar
③ he could get out of the jar
④ he drowned like his brother
⑤ he jumped into the jar again

3 〔 요지 추론 〕
위 글의 교훈을 우리말로 쓰시오.

_____

Voca Quiz

4 다음 빈칸에 들어갈 단어를 위 글에서 찾아 쓰시오. (필요한 경우 형태를 바꿀 것)

a. _____ is a solid dairy product. We make it from milk. It is usually white or yellow.

b. When people _____, they move through water with their arms and legs.

Key Words   frog 개구리   jar 병, 항아리, 단지   by accident 우연히   get out (of) (~에서) 나오다 swim 수영하다(과거형: swam)   drown 익사하다   in the end 결국에   reply 대답하다 keep V-ing 계속해서 ~하다   someone 누군가   pass 지나다   solid 단단한   turn into ~으로 변하다   cheese 치즈   finally 결국   ❶ dairy product 유제품

지문 듣기

Salt has many uses. It can do interesting things.

(A) In one cup, add one-third cup of salt.

(B) Prepare two cups and fill them with the same amount of warm water.

(C) Lastly, check them every two or three hours.

(D) After the salt dissolves, put both cups into the freezer.

What happens? The fresh water will freeze like ice but the salty water won't freeze at all. That's because salt lowers the freezing point of water.

> **소금의 역사**
> 인류가 소금을 이용하기 시작한 것은 기원전 6,000년경으로 추정됩니다. 우리나라에서도 삼국시대에 이미 소금이 있었다고 합니다.

Comprehension Check

1 위 글의 (A)~(D)를 순서대로 바르게 배열한 것은?

① (A) – (C) – (B) – (D)

② (B) – (A) – (D) – (C)

③ (B) – (D) – (A) – (C)

④ (D) – (A) – (C) – (B)

⑤ (D) – (B) – (C) – (A)

세부 내용 파악

2 다음 질문에 대한 답을 위 글에서 찾아 완성하시오.

> Q: Why doesn't the salty water freeze?
>
> A: Because _____ .

어휘 의미 추론

3 다음 설명에 해당하는 단어를 위 글에서 찾아 쓰시오.

> _____: to become hard, and often turn to ice, as a result of extreme cold

Voca Quiz

4 다음 빈칸에 들어갈 단어를 위 글에서 찾아 쓰시오.

a. This soup is tasteless. Could you pass me some _____?

b. If you want to make a pancake, you need to _____ some eggs, milk, and pancake mix.

Key Words   salt 소금   add 추가하다, 첨가하다   one-third 3분의 1   prepare 준비하다   fill 채우다   amount 양   every 매 ~, ~마다   dissolve (액체에) 녹다   both 둘 다   freezer 냉동고   freeze 얼다   salty 소금의, 짠   at all 전혀   lower 낮추다   freezing point 어는 점

Lions are family animals and very _____ animals. They live in groups of 15 or more. They hunt, raise their babies, and protect their home together. Each group has only one or two males and a lot of females. Usually all the females in the group are mothers, daughters, grandmothers, and sisters. Females do most of the hunting and <u>raise</u> the baby lions together. When they hunt, they move in groups of two or three. They use teamwork and help each other. What do males do in the group, then? They protect their land and keep their family safe from enemy attack.

pride & cub
보통 15마리에서 40마리 정도로 구성되는 사자의 무리를 **pride**라고 합니다. 사자, 늑대, 곰 등의 야생 동물의 새끼는 **cub**이라고 합니다.

Comprehension Check

1   빈칸 추론

위 글의 빈칸에 들어갈 말로 가장 적절한 것은?

① shy   ② slow   ③ small
④ social   ⑤ stressful

2   어휘 의미 파악

위 글의 밑줄 친 raise와 같은 의미로 쓰인 것은?

① Mike will raise money for charity.
② Raise your hand if you have any questions.
③ We need to raise funds for the sick children.
④ She had to raise five children by herself.
⑤ People raise the flag on national holidays.

3   요약문 완성

위 글을 다음과 같이 요약할 때, 빈칸에 알맞은 말을 쓰시오.

Lions usually live in groups. In the group, there are more _____ than _____. Females _____ for food in groups, and _____ protect their land and their _____ from enemies.

4   Voca Quiz

다음 빈칸에 들어갈 단어를 위 글에서 찾아 쓰시오.

a. Bulls are males. Cows are _____. Their babies are calves.
b. All the members worked hard together. Thanks to our _____, we could finish the work successfully.

Key Words   in groups 무리를 지어   hunt 사냥하다   raise 기르다   protect 보호하다   male 수컷
female 암컷   teamwork 팀워크   each other 서로서로   land 영역, 영토   safe 안전한
enemy 적   attack 공격   ⓝ shy 수줍어하는   social 사회적인, 무리 생활을 하는
stressful 스트레스를 받는   charity 자선 기금[단체]

Can you imagine living without soap? We always want to be clean. And today, soap is available everywhere. However, a long time ago, people did not have soap. They just washed with water in streams or rivers. The water only washed away dirt. Then who first made soap? Egyptians first made soap from animal and vegetable oils. They bathed regularly and cleaned with soap. But soap was a luxury item at that time. Most people could not afford it. Finally, in the 19th century, soap became a common item among all people.

지문 듣기

세계 최초의 비누
비누를 제조했다는 첫 번째 기록 및 증거는 기원전 2800년 고대 바빌론으로 거슬러 올라갑니다. 바빌로니아 비누의 용도는 지금과 달리 섬유산업에서 울 세척을 위해 주로 사용되었습니다. 또한 이집트에서는 파피루스라는 식물이 굉장히 많았는데 그 줄기에서 얻어지는 식물성 기름과 동물성 기름을 이용하여 소금과 혼합한 최초의 비누를 만들었습니다.

⊃ 정답과 해설 36쪽

세부 내용 파악

1 위 글의 내용과 일치하지 <u>않는</u> 것은?

① 비누가 없었을 때, 사람들은 물로 먼지만 닦아냈다.

② 이집트인들이 최초로 비누를 만들었다.

③ 최초의 비누는 동물과 식물 기름으로 만들어졌다.

④ 이집트인들은 목욕을 자주 하지 못했다.

⑤ 비누는 19세기에 대중화되었다.

요약문 완성

2 위 글의 내용과 일치하도록 다음 빈칸에 알맞은 말을 찾아 쓰시오.

A long time ago, most people could not afford soap because it was a _____ item.

지칭어 파악

3 위 글의 밑줄 친 it이 가리키는 것을 찾아 쓰시오.

_____

Voca Quiz

4 다음 빈칸에 들어갈 단어를 위 글에서 찾아 쓰시오.

a. In America, many people have the name Jack. Jack is a _____ English name.

b. Peter exercises at the same time every day. He likes to exercise _____.

Key Words   imagine 상상하다   soap 비누   clean 깨끗한; 씻다   available 사용할 수 있는   however 그렇지만   stream 개울   wash away 씻어내다   dirt 먼지   Egyptian 이집트인   bathe 목욕하다   regularly 규칙적으로, 정기적으로   luxury 사치   at that time 당시에   afford (~을 살) 여유가 되다   century 세기   common 일상적인, 흔한   among ~ 중에, ~ 사이에

지문 듣기

Goose bumps are little bumps on the skin that spring up whenever we feel cold or experience fear, surprise, or even pleasure. Getting goose bumps is an automatic reaction. The little bumps were given the name goose bumps because the skin looks like the skin of a goose after its feathers are plucked. _____, most species of birds do not have hair like us, so they don't get goose bumps. Sometimes, you can get goose bumps when you listen to good music. One of the theories is that the sudden changes in the volume or melody make our brain scared for a moment. As a result, we get goose bumps until we get used to them.

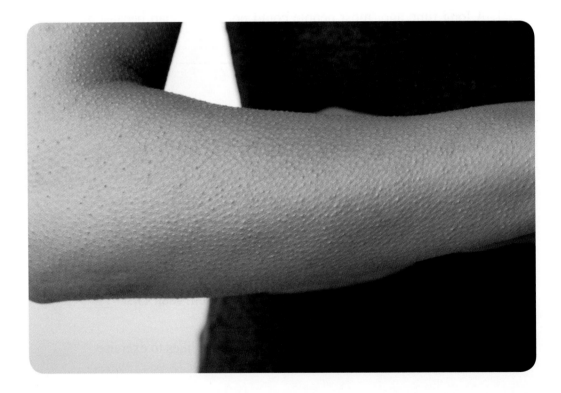

Goose bumps
추운 날이나 무서울 때 돋는 닭살은 1744년에는 거위의 피부(**goose's skin**), 1761년에는 거위 피부 (**goose-skin**) 그리고 1803년에는 거위 살(**goose-flesh**)이라고 불려지기도 했습니다.

➲ 정답과 해설 37쪽

[세부 내용 파악]

1 위 글의 내용과 일치하는 것은?

① A change of temperature can cause goose bumps.

② You can control getting goose bumps.

③ Our skin normally looks like that of a goose.

④ Many species of birds get goose bumps like we do.

⑤ When we see goose bumps, we can get goose bumps.

[연결 관계 파악]

2 위 글의 빈칸에 들어갈 말로 가장 적절한 것은?

① Also   ② Finally   ③ For example

④ However   ⑤ As a result

[지칭어 추론]

3 위 글의 밑줄 친 them이 가리키는 것을 찾아 쓰시오.

_____

Voca Quiz

4 다음 빈칸에 들어갈 단어를 위 글에서 찾아 쓰시오.

a. The pillow is stuffed with goose _____.

b. Could you please turn down the _____? The music is too loud.

Key Words	goose bumps 닭살 goose 거위 bump 튀어나온 부분 skin 피부 spring up 갑자기 튀어나오다, 올라오다 whenever ~할 때마다 experience 경험하다 even 심지어 pleasure 기쁨 automatic 자동적인 reaction 반응 feather 깃털 pluck (닭 등의) 털을 뽑다 species 종(種) theory 이론 sudden 갑작스러운 change 변화 volume 소리, 볼륨 brain 뇌 scared 두려워하는 as a result 결과적으로 get used to ~에 익숙해지다

Day 19

Story A:
sports

지문 듣기

The players of this sport need big stones and long brushes. They play it on the ice. What sport is this? It is the winter sport; curling. In curling, there are four players on each team. Each team (A) has / have eight stones. One player slides the stones toward a target on the ice. The target is called 'the house.' The other players sweep the ice with brushes. By doing this, the stones move closer to their target. (B) So / However , the players should not (C) touch / touching the stones with the brushes. The team with the stone closest to 'the house' scores points.

컬링(curling)의 역사

컬링은 스코틀랜드에서 16세기 이전부터 시작된 스포츠로, 영국을 중심으로 하여 본격적으로 스포츠 종목으로 발전하였습니다. 현재 캐나다에서는 컬링이 아이스하키와 더불어 국민적 스포츠로서 각광받고 있으며, 1998년 나가노 동계올림픽에서 정식 종목으로 실시된 이후 급격히 컬링 인구가 증가되고 있습니다.

1 (A), (B), (C)의 각 네모 안에서 어법에 맞는 표현으로 가장 적절한 것은?

(A)		(B)		(C)
① has	⋯⋯	However	⋯⋯	touching
② has	⋯⋯	However	⋯⋯	touch
③ has	⋯⋯	So	⋯⋯	touch
④ have	⋯⋯	So	⋯⋯	touch
⑤ have	⋯⋯	However	⋯⋯	touching

2 위 글의 내용과 일치하지 <u>않는</u> 것은?

① 컬링은 겨울 스포츠이다.

② 각 팀의 선수는 네 명이다.

③ 각 팀이 가진 돌의 개수는 8개이다.

④ 돌은 '집'이라고 불린다.

⑤ 선수들은 솔로 돌을 건드려서는 안 된다.

3 다음 빈칸에 공통으로 들어갈 단어를 위 글에서 찾아 알맞은 형태로 쓰시오.

> • I will _____ a goal in the next game.
>
> • Did you get a good _____ on the test?

4 다음 빈칸에 들어갈 단어를 위 글에서 찾아 쓰시오. (필요한 경우 형태를 바꿀 것)

a. Lisa cleans the dirt off the floor with a broom. She _____ the floor.

b. It's fun to _____ on ice in winter.

Key Words stone 돌 brush 솔 slide 미끄러지듯 굴리다, 미끄러지다 target 표적 sweep (솔이나 빗자루 등으로) 쓸다 move 움직이다 close 가까이; 가까운 touch 건드리다 score 점수를 획득하다 point 점수

Whales are huge sea animals. A whale looks like an enormous fish, (A) | and / but | it is not a fish. It is a mammal. Most fish lay eggs, (B) | and / but | just like humans, whales give birth to their babies. (C) | Also / However |, whale babies drink milk. What else do whales have in common with humans? The body temperature of a whale is the same as that of humans. However, fish are cold-blooded. Their body temperature changes in cold or warm water.

세계에서 가장 큰 동물은?
세계에서 가장 큰 동물은 흰긴수염고래입니다. 몸통 길이는 27미터 정도이고 몸무게는 코끼리 몸무게의 25배에 달하며, 새끼의 크기도 6미터 내외에 달합니다. 그들은 주로 작은 새우를 먹습니다.

1 [연결 관계 파악]

(A), (B), (C)의 각 네모 안에서 알맞은 것끼리 짝지은 것은?

(A)		(B)		(C)
① and	……	and	……	Also
② and	……	but	……	Also
③ but	……	and	……	However
④ but	……	but	……	Also
⑤ and	……	and	……	However

2 [세부 내용 파악]

위 글의 내용과 일치하지 <u>않는</u> 것은?

① 고래는 커다란 물고기이다.　　　② 고래는 포유류이다.

③ 새끼 고래는 모유를 먹는다.　　　④ 고래의 체온은 사람처럼 일정하다.

⑤ 물고기는 냉혈동물이다.

3 [요약문 완성]

위 글의 내용과 일치하도록 다음 빈칸에 알맞은 말을 찾아 쓰시오.

> Whales don't _____ _____ like fish do. They give birth to their babies.

4 Voca Quiz

다음 빈칸에 들어갈 단어를 위 글에서 찾아 쓰시오. (필요한 경우 형태를 바꿀 것)

a. _____ are animals such as humans, dogs, lions, and whales. They give birth to babies and feed them milk.

b. The _____ is up 5 degrees today. It is 30 degrees Celsius.

Key Words　　whale 고래　huge 큰, 거대한　enormous 거대한　mammal 포유동물　lay (알을) 낳다　human 인간　give birth to (아이 · 새끼를) 낳다　have in common 공통적으로 가지고 있다　temperature 체온, 온도, 기온　cold-blooded 냉혈의

지문 듣기

We should give thanks to water. All living things need water. (ⓐ) Water is life. (ⓑ) We know its power in many forms: rain, streams, rivers, and oceans. (ⓒ) Water helps us do many things. (ⓓ) We should not take clean water for granted. (ⓔ) Also, we should be thankful for plants. They work many wonders. They give us food. They give us beautiful flowers. They give us medicine and help cure diseases. We use them for cooking, making clothes, and building houses. They also produce oxygen in the air. We cannot live without them.

The Iroquois Thanksgiving Address
이 글은 자연 세계에 감사(Greetings to the Natural World)를 전하는 연설의 일부로, 1,000년이 넘는 세월 동안 Iroquois 지역이나 다른 지역의 각종 의식이나 정부 모임에서 낭송되고 있습니다. 사람, 땅, 물, 물고기, 식물, 약초, 동물, 나무, 새, 바람, 천둥, 태양, 달, 별, 교사, 창조주에게 감사의 말을 전하는 내용입니다.

Comprehension Check

1 [연결 관계 파악]

위 글의 흐름으로 보아, 주어진 문장이 들어가기에 가장 적절한 곳은?

> For example, we can clean, cook, or grow things with it.

① ⓐ   ② ⓑ   ③ ⓒ   ④ ⓓ   ⑤ ⓔ

2 [세부 내용 파악]

다음 질문에 대한 답을 위 글에서 찾아 완성하시오.

> Q: What do water and plants have in common?
> A: Without them, ＿＿＿＿＿＿ ＿＿＿＿＿＿ ＿＿＿＿＿＿. We use
>   them for ＿＿＿＿＿＿.

3 [세부 내용 파악]

위 글의 내용과 일치하지 <u>않는</u> 것은?

① 비, 강, 바다 등을 통해 물의 힘을 알 수 있다.

② 우리는 물과 식물들에 감사해야 한다.

③ 식물들은 우리에게 음식뿐만 아니라 약을 제공한다.

④ 집 짓는 것을 제외한 음식과 의복을 만드는 데 식물이 사용된다.

⑤ 식물들은 공기 중에 산소를 만들어낸다.

4 Voca Quiz

다음 빈칸에 들어갈 단어를 위 글에서 찾아 쓰시오.

a. ＿＿＿＿＿＿ are bigger than seas.

b. Fred doesn't have a computer. He lives ＿＿＿＿＿＿ a computer.

Key Words   give thanks to ~에게 감사하다   living thing 생물   life 생명   power 힘   form 형태
stream 개울   ocean 대양   take ~ for granted ~을 당연한 일로 여기다   plant 식물
wonder 놀람, 놀라운 일   medicine 약   cure 치료하다   disease 질병   clothes 옷
produce 생산하다   oxygen 산소   without ~ 없이

Salmon are born in freshwater streams. They spend one to three years growing before they go out to the sea. Once out in the ocean, they will continue to grow and ⓐ <u>develop</u>. For up to five years, they will swim across the ocean. When they are ready to lay their eggs, their body will undergo physical changes. Most ⓑ <u>surprisingly</u>, they will make their way to their home streams. Some salmon will travel over 1,400 kilometers and climb 2,100 meters in order to ⓒ <u>return</u> to their home streams. The exact mechanism is ⓓ <u>known</u>, but many scientists believe salmon use their ⓔ <u>sense</u> of smell and recognize their home rivers.

연어의 회귀본능
연어가 바다에서 강으로 회귀한다는 것은 이미 잘 알려진 사실입니다. 연어는 태어난 다음 해 강을 떠나 북태평양에서 생활하다가 산란기가 다가오면 자신이 태어난 강으로 되돌아옵니다. 이 같은 연어의 '회귀본능'에 대한 하나의 가설로 연어가 알을 낳기 위해 태어난 강으로 돌아오는 것은 자기장에 관한 기억을 갖고 있기 때문이라 합니다. 물고기들은 자기장의 기억을 이용해 태어난 강어귀까지 길을 찾고 그곳에서부터는 화학적 신호를 이용해 바로 자신이 태어난 물줄기를 찾는다는 것입니다.

Comprehension Check

1 〔 제목 추론 〕
위 글의 제목으로 가장 적절한 것은?

① The Life of Salmon
② Salmon in the Streams
③ How Salmon Travel a Long Way
④ How Salmon Swim in the Ocean
⑤ The Difference Between Salmon and Other Fish

2 〔 어구 의미 파악 〕
밑줄 친 ⓐ~ⓔ 중, 글의 흐름상 낱말의 쓰임이 적절하지 <u>않은</u> 것은?

① ⓐ   ② ⓑ   ③ ⓒ   ④ ⓓ   ⑤ ⓔ

3 〔 세부 내용 파악 〕
위 글의 내용과 일치하지 <u>않는</u> 것은?

① 연어는 민물 개울에서 태어난다.
② 연어는 1~3년을 성장한 후에 바다로 나간다.
③ 연어가 대양으로 나가게 되면 성장을 멈춘다.
④ 연어가 알을 낳을 준비가 되면 고향 개울로 돌아가려고 한다.
⑤ 과학자들은 연어가 후각을 이용하여 고향 강을 인지한다고 믿는다.

4 〔 Voca Quiz 〕
다음 빈칸에 들어갈 단어를 위 글에서 찾아 쓰시오. (필요한 경우 형태를 바꿀 것)

a. We have five _____. They are sight, hearing, smell, taste, and touch.
b. Yoga is good for both your mental and _____ health.

Key Words   salmon 연어   be born 태어나다   freshwater 민물의   stream 개울, 시내   grow 자라다   once 일단 ~하면   continue 계속하다   develop 성장하다   up to ~까지   be ready to ~할 준비가 되다   lay (알) 낳다   undergo 겪다   physical 신체적인   surprisingly 놀랍게도   make one's way to ~로 나아가다   in order to ~하기 위하여   return 돌아가다   exact 정확한   mechanism 방법, 장치   sense 감각   recognize 인지하다

Workbook

A 단어 확인
B 영작 훈련

story A language

A [단어확인] 다음 단어에 해당하는 우리말 뜻을 쓰세요.

1 describe _____   8 phrase _____

2 easy _____   9 something _____

3 different _____   10 calm _____

4 in good order _____   11 lastly _____

5 confident _____   12 mean _____

6 chalk _____   13 face _____

7 piece _____   14 cucumber _____

B [영작훈련] 괄호 안의 단어들을 올바른 순서로 배열하여 문장을 완성하세요.

1 '오이처럼 침착한'은 어떤가? (a cucumber, cool, as, as)
How about "_____"?

2 차분하고 자신감 있는 사람을 설명할 때 이 표현을 사용한다. (a calm, person, describe, and confident)
You use this phrase when you _____.

3 만약 사물들이 질서 정연하게 정리되어 있으면, '모든 것이 사과파이처럼 정돈되어 있다.'라고 말한다. (in, things, good, are, if, order)
_____, we say, "Everything is in apple-pie order."

4 어떤 것이 매우 쉬울 때, 여러분은 '케이크 한 조각이다.'라고 말할 수 있다. (of, piece, it's, cake, a)
When something is really easy, you can say, "_____."

5 어떤 사람의 얼굴이 빨개지면, 우리는 '그는 비트처럼 빨갛다.'라고 말할 수 있다. (red, face, when, someone's, turns)
_____, we can say, "He is as red as a beet."

A [단어확인] 다음 단어에 해당하는 우리말 뜻을 쓰세요.

1 unlock _____   8 Holland _____

2 turn _____   9 future _____

3 receive _____   10 pull _____

4 tradition _____   11 crown _____

5 special _____   12 such as _____

6 instead of _____   13 all around the world _____

7 gift _____   14 similar _____

B [영작훈련] 괄호 안의 단어들을 올바른 순서로 배열하여 문장을 완성하세요.

1 생일은 전 세계 어린이들에게 중요하다. (are, for children, important, birthdays)
_____ all around the world.

2 어떤 생일 전통은 비슷하지만, 다른 전통은 매우 다르다. (are, similar, very different, but, are, others)
Some birthday traditions _____.

3 러시아 사람들은 생일 케이크 대신에 생일 파이를 먹는다. (birthday, instead, cakes, of)
_____, Russians eat birthday pies.

4 그 열쇠는 그들의 미래의 문을 여는 것을 의미한다. (the door, their future, to, unlocking)
The key means _____.

5 사람들이 아이의 귀를 생일 나이만큼 잡아당긴다. (their, as, as, birthday age, many times)
People pull the child's ears _____.

story Ⓐ animal

A [단어확인] 다음 단어에 해당하는 우리말 뜻을 쓰세요.

1	bee	_____	10 feed on	_____
2	honey	_____	11 fallen leaf	_____
3	provide	_____	12 annoying	_____
4	bite	_____	13 silk	_____
5	especially	_____	14 ant	_____
6	dead	_____	15 medicine	_____
7	beetle	_____	16 wake up	_____
8	thereby	_____	17 buzz	_____
9	insect	_____	18 flower	_____

B [영작훈련] 괄호 안의 단어들을 올바른 순서로 배열하여 문장을 완성하세요.

1 그들은 여러분을 물 수 있다. (bite, can, you, they)

   _____

2 곤충들은 식물과 동물에게 훌륭한 것을 많이 제공한다. (with, and, wonderful things, plants, many, animals)
   Insects provide _____.

3 몇몇 식물들은 곤충들의 도움으로 꽃을 피운다. (of, with, the help, flower, insects)
   Some plants _____.

4 특히 딱정벌레 같은 많은 곤충들은 죽은 동물과 낙엽을 먹고 산다. (fallen leaves, dead animals, and, feed on)
   Many insects, especially beetles, _____.

5 또한, 우리는 몇몇 곤충들을 약으로 사용한다. (as, some insects, medicine, use, we)
   Also, _____.

A [단어확인]   다음 단어에 해당하는 우리말 뜻을 쓰세요.

1	quickly	_____	10 reason	_____
2	tell	_____	11 need	_____
3	usually	_____	12 touch	_____
4	slowly	_____	13 response	_____
5	look down	_____	14 distinguish	_____
6	question	_____	15 look away	_____
7	second	_____	16 come up with	_____
8	answer	_____	17 lie	_____
9	blink	_____	18 shy	_____

B [영작훈련]   괄호 안의 단어들을 올바른 순서로 배열하여 문장을 완성하세요.

1 사람들이 거짓말을 할 때, 그들은 종종 그들의 코를 만진다. (their noses, they, touch, often)

When people lie, _____.

2 거짓말을 진실과 구별하는 빠른 방법이 있다. (distinguishing, way of, from truth, lies, fast, a)

There is _____.

3 그러면 그 사람은 거짓말을 하고 있을지도 모른다. (lying, may, person, be)

Then that _____.

4 사람들이 거짓말을 할 때, 여러분은 다른 반응을 볼 수 있다. (see, response, can, you, a different)

When people lie, _____.

5 그들이 답을 떠올리는 데 더 많은 시간이 필요하다. (an answer, come up, more time, with, to)

They need _____.

story Ⓐ story

A [단어확인] 다음 단어에 해당하는 우리말 뜻을 쓰세요.

1	surprisingly	10	thanks to
2	lie down	11	stomach
3	pain	12	couch
4	always	13	later
5	still	14	visit
6	sniff	15	lovely
7	stare	16	be able to
8	alive	17	suddenly
9	surgery	18	recover

B [영작훈련] 괄호 안의 단어들을 올바른 순서로 배열하여 문장을 완성하세요.

1 어느 날, 그녀는 그녀의 사랑스러운 개와 함께 소파에 누워 있었다. (was, the couch, down, she, on, lying)

One day, _____ with her lovely dog.

2 Jack이 그녀의 눈을 응시하고 그녀의 냄새를 맡기 시작했다. (her eyes, her, into, sniff, started to, and, stare)

Jack _____ .

3 그녀는 갑자기 배에 통증을 느꼈다. (her stomach, pain, felt, in, suddenly)

She _____ .

4 그녀는 일주일 후 수술을 받을 수 있었다. (surgery, a week, able to, later, was, get)

She _____ .

5 Jack은 정말로 그녀의 가장 친한 친구였다. (her, indeed, best friend, was)

Jack _____ .

A [단어확인]   다음 단어에 해당하는 우리말 뜻을 쓰세요.

1	hard	_____	**8**	servant	_____
2	western	_____	**9**	country	_____
3	call	_____	**10**	master	_____
4	December	_____	**11**	national	_____
5	holiday	_____	**12**	in need	_____
6	origin	_____	**13**	share	_____
7	history	_____	**14**	thank A for B	_____

B [영작훈련]   괄호 안의 단어들을 올바른 순서로 배열하여 문장을 완성하세요.

1 그것은 하인들을 위한 휴무일이었다. (non-working, servants, for, day, a)

It was _____.

2 주인들은 그들의 고된 일에 대해 그들에게 감사를 표현하고 싶었다. (for, hard work, them, their, to thank)

Masters wanted _____.

3 크리스마스 다음 날, 주인들은 음식과 과일을 상자 안에 넣었다. (in boxes, and, fruit, the masters, food, put)

The day after Christmas, _____.

4 오늘날, 사람들은 그 상자를 'Christmas Box'라고 부른다. (the box, people, a 'Christmas Box', call)

Today, _____.

5 그들은 그것을 도움이 필요한 사람들에게 준다. (in need, to, it, people, give)

They _____.

story Ⓐ tradition

A [단어확인]   다음 단어에 해당하는 우리말 뜻을 쓰세요.

1	fairy	_____	7	real	_____
2	actually	_____	8	tooth	_____
3	similar to	_____	9	take	_____
4	leave	_____	10	mouse	_____
5	place	_____	11	pillow	_____
6	lose	_____	12	tradition	_____

B [영작훈련]   괄호 안의 단어들을 올바른 순서로 배열하여 문장을 완성하세요.

1 미국 아이들은 이가 빠지면, 그것을 그들의 베개 밑에 놓는다. (American, lose, when, a tooth, children)

_____, they put it under their pillow.

2 멕시코에서 그 전통은 미국의 전통과 비슷하다. (to, in America, is, the tradition, similar, the tradition)
In Mexico, _____.

3 치아 요정은 돈 대신 선물을 남긴다. (money, a gift, leaves, instead of)
The tooth fairy _____.

4 부모들은 치아의 대가로 사탕을 베개 밑에 놓는다. (candy, the pillow, parents, under, put)

_____ for the tooth.

5 비록 전통은 세계적으로 다르지만, 그것들은 아이들을 행복하게 만든다. (the traditions, different, although, are)

_____ around the world, they make

children happy.

A [단어확인]　다음 단어에 해당하는 우리말 뜻을 쓰세요.

1	avoid _____	9	hole _____
2	often _____	10	cute _____
3	blind _____	11	several _____
4	sometimes _____	12	cross _____
5	wait for _____	13	live _____
6	safely _____	14	interrupt _____
7	danger _____	15	training _____
8	receive _____	16	road _____

B [영작훈련]　괄호 안의 단어들을 올바른 순서로 배열하여 문장을 완성하세요.

1 이 개들은 시각장애인들의 눈과 같다. (the eyes, blind people, like, are, of)
These dogs _____.

2 훈련 후, 그들은 시각장애인과 함께 산다. (a blind, live, person, with, they)
After the training, _____.

3 그 개들의 도움으로, 시각장애인들은 도시를 돌아다닐 수 있다. (walk, can, the city, blind people, around)
With the help of the dogs, _____.

4 맹인안내견들은 파란 불을 기다렸다가 시각장애인과 함께 안전하게 길을 건넌다. (the street, safely, blind people, cross, with)
Seeing eye dogs wait for green lights and _____.

5 그러나 그들은 그렇게 하면 안 된다. (not, that, should, they, do)
But, _____.

story Ⓐ mythology

A [단어확인]   다음 단어에 해당하는 우리말 뜻을 쓰세요.

1	forest	_____	**10**	together	_____
2	brightly	_____	**11**	find out	_____
3	turn A into B	_____	**12**	kill	_____
4	god	_____	**13**	as well	_____
5	die	_____	**14**	shine	_____
6	hunting	_____	**15**	jealous	_____
7	be about to	_____	**16**	throw	_____
8	far	_____	**17**	actually	_____
9	after a while	_____	**18**	arrow	_____

B [영작훈련]   괄호 안의 단어들을 올바른 순서로 배열하여 문장을 완성하세요.

1 모든 그리스 신들의 아버지인 Zeus는 Kallisto와 사랑에 빠졌다. (father, the Greek, all, gods, of)

Zeus, _____, fell in love with Kallisto.

2 Hera는 Kallisto를 거대한 곰으로 만들었다. (Kallisto, a great, into, bear, turned)

Hera _____.

3 Arktos는 숲으로 사냥을 나갔다. (in, hunting, the forest, went)

Arktos _____.

4 그가 곰을 봤을 때, 그는 그의 화살로 그것을 막 죽이려고 했다. (with, was about to, he, his arrow, it, kill)

When he saw a bear, _____.

5 그런 후, 그는 그들을 하늘로 멀리 던졌다. (the sky, them, into, threw, far up)

Then, he _____.

A [단어확인]　다음 단어에 해당하는 우리말 뜻을 쓰세요.

1　cold _____　　10　another _____

2　benefit _____　　11　fever _____

3　strong _____　　12　cure _____

4　prevent _____　　13　medicine _____

5　flavor _____　　14　use _____

6　ginger _____　　15　cough _____

7　sore throat _____　　16　food _____

8　upset stomach _____　　17　taste _____

9　spice _____　　18　add _____

B [영작훈련]　괄호 안의 단어들을 올바른 순서로 배열하여 문장을 완성하세요.

1　사람들은 그들의 많은 음식을 위한 주요한 양념으로 생강을 사용하는 것을 정말 좋아한다. (for, as, many of, a primary spice, their foods)
People love to use ginger _____.

2　그들은 그것이 음식에 풍미를 더해주기 때문에 그것을 좋아한다. (adds, to foods, it, flavor, because)
They love it _____.

3　생강은 또 다른 이유로 그들에게 중요하다. (them, another, important, reason, for, to)
Ginger is _____.

4　그들에게 그것은 단지 양념이 아니다. (not, a spice, is, just, it)
To them, _____.

5　그들은 생강의 건강상 이점들에 대해 알고 있다. (the health, of ginger, know, benefits, about)
They _____.

story A food

A [단어확인] 다음 단어에 해당하는 우리말 뜻을 쓰세요.

1 vegetable _____
2 type _____
3 invent _____
4 instead of _____
5 soldier _____
6 barbecued _____
7 sword _____
8 bread _____

9 metal _____
10 meat _____
11 turn _____
12 stick _____
13 a kind of _____
14 Turkish _____
15 between _____
16 popular _____

B [영작훈련] 괄호 안의 단어들을 올바른 순서로 배열하여 문장을 완성하세요.

1 가장 오래된 종류의 패스트푸드는 햄버거일까? (type of, oldest, fast food, the)
   Are hamburgers _____?

2 케밥은 전 세계적으로 매우 인기가 있다. (popular, the world, very, around)
   Kebabs are _____.

3 사람들은 그것들을 빵 조각 사이에 야채와 함께 넣는다. (vegetables, them, with, pieces of, put, bread, between)
   People _____.

4 그들은 검을 고기에 꽂아서 그것을 불 위에서 구웠다. (it, meat, over, cooked, into, fire, and)
   They pushed a sword _____.

5 오늘날, 우리는 검 대신 금속 막대를 이용한다. (a sword, a metal, instead of, stick)
   Today, we use _____.

A [단어확인] 다음 단어에 해당하는 우리말 뜻을 쓰세요.

1	turn	_____	**7** spot _____
2	from a distance	_____	**8** normally _____
3	be born	_____	**9** contrast _____
4	easily	_____	**10** tail _____
5	bald	_____	**11** light _____
6	gray	_____	**12** feather _____

B [영작훈련] 괄호 안의 단어들을 올바른 순서로 배열하여 문장을 완성하세요.

1 그것은 하얀색 머리 때문에 대머리처럼 보일지도 모른다. (its, head, of, white, because)

It may look bald _____.

2 왜 그것은 대머리독수리로 불릴까? (eagle, a, it, called, why, bald, is)

_____

3 대머리독수리가 태어날 때, 그들의 색깔은 밝은 회색이다. (are, bald, when, born, eagles)

_____, their color is light gray.

4 그들은 보통 하얀색 머리와 꼬리를 갖고 있다. (white heads, normally, tails, have, and)

They _____.

5 여러분은 그것들을 멀리서 쉽게 발견할 수 있다. (a distance, easily, them, from)

You can spot _____.

story A people

A [단어확인] 다음 단어에 해당하는 우리말 뜻을 쓰세요.

1 numerous _____
2 ability _____
3 vision _____
4 target _____
5 blind _____
6 policy _____
7 vessel _____

8 despite _____
9 legally _____
10 secret _____
11 poor eyesight _____
12 famous _____
13 honesty _____
14 nearly _____

B [영작훈련] 괄호 안의 단어들을 올바른 순서로 배열하여 문장을 완성하세요.

1 그가 20피트 떨어진 곳에서 볼 수 있는 것을 다른 이들은 200피트 떨어진 곳에서 볼 수 있다.
(can, at 20 feet, what, see, he)
_____, others can see at 200 feet.

2 표적은 얼룩진 페인트처럼 보인다. (smudged, the target, like, paint, looks)
_____

3 그의 약시에도 불구하고, 그는 세계기록을 세웠다. (his, eyesight, despite, poor)
_____, he set the world record.

4 그는 2012년 올림픽에서 세계신기록을 세웠다. (set, world record, he, a new)
_____ at the 2012 Olympics.

5 그의 능력의 비결은 수많은 시간의 고된 훈련에 있다. (numerous hours, hard work, his ability, of, is)
The secret of _____.

A [단어확인]   다음 단어에 해당하는 우리말 뜻을 쓰세요.

1	protein	_____	9	even	_____
2	fat	_____	10	keep	_____
3	garden	_____	11	clever	_____
4	think of	_____	12	healthy	_____
5	wartime	_____	13	feed	_____
6	way	_____	14	meal	_____
7	waste	_____	15	war	_____
8	during	_____	16	scrap	_____

B [영작훈련]   괄호 안의 단어들을 올바른 순서로 배열하여 문장을 완성하세요.

1 고기는 단백질 때문에 중요했다. (important, protein, was, for)

Meat _____.

2 그들은 그들의 음식 찌꺼기를 돼지에게 먹이라고 농부에게 주었다. (a farmer, their, to, gave, they, food scraps)

_____ to feed a pig.

3 사람들은 음식을 낭비하지 않으려고 주의를 기울였다. (not, food, were, waste, careful, to)

People _____.

4 전쟁 동안에 대부분의 사람들은 그 전보다 더 잘 먹었다. (it, than, the war, before, during)

Most people ate better _____.

5 전쟁 동안의 식사는 오늘날 우리가 먹는 일부 음식보다 더 건강에 좋았다. (today, the food, than, eat, some of, we)

Wartime meals were healthier _____.

story A science

A [단어확인]   다음 단어에 해당하는 우리말 뜻을 쓰세요.

1	freezer	_____	9	scientific	_____
2	unclear	_____	10	still	_____
3	certain	_____	11	age	_____
4	prove	_____	12	sound	_____
5	ridiculous	_____	13	true	_____
6	condition	_____	14	at that time	_____
7	observe	_____	15	pay attention to	_____
8	freeze	_____	16	introduce A to B	_____

B [영작훈련]   괄호 안의 단어들을 올바른 순서로 배열하여 문장을 완성하세요.

1 찬물과 뜨거운 물 중에서 냉동고 안에서 어떤 것이 더 빨리 얼까? (freezes, in the freezer, which, first)

_____, cold water or hot water?

2 이 흥미로운 생각은 아리스토텔레스 시대에 시작되었다. (the age, of Aristotle, in, started)
This interesting idea _____.

3 그 당시에는 사람들은 그것에 주의를 기울이지 않았다. (to, at that, it, pay, time, attention)
People didn't _____.

4 한 고등학생이 뜨거운 우유와 설탕으로 아이스크림을 만들고 있던 중에 그 현상을 관찰했다. (with, and sugar, ice cream, while, was making, hot milk, he)
A high school student observed it _____.

5 그가 그것을 현대 과학자들에게 소개한 후에, 그들은 이 과학적 현상을 연구하기 시작했다. (to, scientists, it, he, modern, after, introduced)
_____, they started to study this scientific phenomenon.

A [단어확인]   다음 단어에 해당하는 우리말 뜻을 쓰세요.

1	afraid	_____	**9**	sensitive	_____
2	object	_____	**10**	bullfighter	_____
3	cape	_____	**11**	crazy	_____
4	movement	_____	**12**	sudden	_____
5	protect	_____	**13**	danger	_____
6	behavior	_____	**14**	charge	_____
7	wild	_____	**15**	in front of	_____
8	bull	_____	**16**	rush	_____

B [영작훈련]   괄호 안의 단어들을 올바른 순서로 배열하여 문장을 완성하세요.

1 투우사들은 어떻게 사나운 황소 앞에 가만히 서 있을 수 있는 것일까? (in front of, still, bulls, stand, wild)
How can bullfighters _____ ?

2 빨간색은 황소를 성나게 하지 않는다. (crazy, make, doesn't, bulls)
The color red _____ .

3 황소들은 갑작스러운 움직임에 매우 민감하다. (to, movement, sensitive, sudden, very)
Bulls are _____ .

4 그들은 위험으로부터 자신들을 보호하고 싶어 한다. (to, from, protect, danger, themselves, want)
They _____ .

5 그들은 그것이 빨간색이기 때문이 아니라 움직이기 때문에 빨간색 망토에 돌진한다. (the red cape, is moving, charge, it, they, because)
_____ , not because it is red.

story A origin

A [단어확인] 다음 단어에 해당하는 우리말 뜻을 쓰세요.

1	curious	_____	7	queen	_____
2	travel	_____	8	flag	_____
3	special	_____	9	trip	_____
4	kind	_____	10	beloved	_____
5	appear	_____	11	chef	_____
6	favorite	_____	12	farmer	_____

B [영작훈련] 괄호 안의 단어들을 올바른 순서로 배열하여 문장을 완성하세요.

1 그것은 가장 사랑받는 이탈리아 피자의 종류이다. (Italian pizza, the most, type of, beloved)
It is _____.

2 그 여왕은 그 음식에 대해 궁금해했다. (about, curious, the food, was)
The queen _____.

3 그녀는 유명한 요리사를 만났고 그것에 대해 그에게 이야기했다. (and, about, a famous, it, met with, told, him, chef)
She _____.

4 그 피자는 이탈리아 국기의 세 가지 색을 가지고 있었다. (of, the three, the Italian flag, had, colors)
The pizza _____.

5 이것은 여왕이 가장 좋아하는 피자가 되었다. (the queen's, pizza, became, favorite)
This _____.

A [단어확인]　다음 단어에 해당하는 우리말 뜻을 쓰세요.

1	funny	_____	7	fruit	_____
2	pick up	_____	8	branch	_____
3	leaf	_____	9	anymore	_____
4	look like	_____	10	without	_____
5	ask	_____	11	plant	_____
6	upside-down	_____	12	tasty	_____

B [영작훈련]　괄호 안의 단어들을 올바른 순서로 배열하여 문장을 완성하세요.

1 사람들은 바오밥나무를 거꾸로 뒤집힌 나무라고 부른다. (baobab tree, upside-down tree, a, an, call)

People _____.

2 잎이 없는 가지들은 마치 뿌리처럼 보인다. (leaves, look like, without, roots)

The branches _____.

3 내 열매를 맛있게 만들어 주세요. (tasty, fruit, make, my)

_____

4 그 신은 듣는 데 너무나 지쳤다. (listening, tired, so, of, was)

The god _____.

5 그렇게 해서, 그것은 더 이상 말하지도 요청하지도 못하게 되었다. (anymore, couldn't, and, ask, talk, it)

That way, _____.

story A story

A [단어확인] 다음 단어에 해당하는 우리말 뜻을 쓰세요.

1	flight	_____	**8**	eventually	_____
2	upset	_____	**9**	half	_____
3	divide	_____	**10**	eyeglasses	_____
4	wait for	_____	**11**	package	_____
5	last	_____	**12**	gate	_____
6	look into	_____	**13**	magazine	_____
7	next to	_____	**14**	only	_____

B [영작훈련] 괄호 안의 단어들을 올바른 순서로 배열하여 문장을 완성하세요.

1 한 젊은 여성이 비행기를 기다리고 있었다. (was, her flight, waiting, for)

A young woman _____.

2 그녀는 봉지에서 쿠키를 먹었다. (the package, a cookie, from, took)

She _____.

3 그러고 나서 남자가 하나를 먹었다. (one, took, the man)

Then, _____.

4 그녀가 또 하나를 집었고 그도 또 하나를 집었다. (another, another, took, took, and, he)

She _____.

5 남자는 마지막 쿠키를 집더니, 그것을 반으로 나누어서 그녀에게 반을 주었다. (gave, and, one, divided, half, in half, her, it)

The man took the last cookie, _____.

A [단어확인]   다음 단어에 해당하는 우리말 뜻을 쓰세요.

1	leave	_____	8 desert	_____
2	mysterious	_____	9 solve	_____
3	ground	_____	10 dry up	_____
4	at last	_____	11 rock	_____
5	mark	_____	12 map	_____
6	mystery	_____	13 nobody	_____
7	strange	_____	14 thin	_____

B [영작훈련]   괄호 안의 단어들을 올바른 순서로 배열하여 문장을 완성하세요.

1 Death Valley에 있는 바위들에 이상한 점이 있다. (something, with, there's, the rocks, strange)

   _____ in Death Valley.

2 그것은 움직이는 바위들로 유명하다. (rocks, famous, is, moving, for)

   It _____ .

3 그 바위들은 스스로 움직이고 땅에 긴 자국을 남긴다. (the ground, and, on, long marks, themselves, leave, move)

   The rocks _____ .

4 과학자들은 그 불가사의를 해결하려고 시도했다. (to, the mystery, solve, tried)

   Scientists _____ .

5 땅에 있는 물은 얇은 얼음으로 변한다. (ice, thin, the ground, changes, on, into)

   Water _____ .

story Ⓐ health

A [단어확인] 다음 단어에 해당하는 우리말 뜻을 쓰세요.

1	simple	_____	10 prevent	_____
2	illness	_____	11 rule	_____
3	bathroom	_____	12 spread	_____
4	about	_____	13 germ	_____
5	habit	_____	14 follow	_____
6	remove	_____	15 regular	_____
7	cough	_____	16 stay	_____
8	get sick	_____	17 blow one's nose	_____
9	most	_____	18 forget	_____

B [영작훈련] 괄호 안의 단어들을 올바른 순서로 배열하여 문장을 완성하세요.

1 손을 씻는 규칙적인 습관을 가지시오. (your hands, of, a, habit, regular, washing)
Make _____.

2 여러분은 건강을 유지하고 싶은가? (healthy, want, stay, to)
Do you _____?

3 규칙적으로 손을 씻으시오. (hands, regularly, your, wash)

_____

4 여러분이 손을 씻을 때, 30초 이상 손을 씻으시오. (for, them, 30 seconds, more than, wash)
When you wash your hands, _____.

5 여러분이 이 규칙을 따른다면, 여러분은 더 건강할 것이다. (these rules, follow, you, if)
_____, you'll be healthier.

A [단어확인] 다음 단어에 해당하는 우리말 뜻을 쓰세요.

1 communicate _____
2 sentence _____
3 antenna _____
4 smell _____
5 meaning _____
6 word _____

7 language _____
8 unique _____
9 each other _____
10 mix _____
11 carefully _____
12 mean _____

B [영작훈련] 괄호 안의 단어들을 올바른 순서로 배열하여 문장을 완성하세요.

1 우리는 서로 의사소통할 때 단어들을 사용한다. (communicate, each other, when, with, we)
We use words _____.

2 그렇다면 개미들은 어떻게 문장을 만들까? (make, how, sentences, ants, do)
Then _____?

3 몇몇은 음식을 뜻하고 다른 것들은 위험을 뜻한다. (mean, mean, and, danger, food, others, some)
_____

4 개미들은 더듬이로 냄새를 맡는다. (their, with, ants, antennas, smell)
_____

5 개미들은 다른 개미들이 다른 그룹에서 왔는지 아닌지를 냄새 맡는 것으로 안다. (another, from, by, are, smelling, group)
The ants know if other ants _____.

story Ⓐ story

A [단어확인]   다음 단어에 해당하는 우리말 뜻을 쓰세요.

1	turtle	_____	10	official	_____
2	aboard	_____	11	happen	_____
3	live	_____	12	fail	_____
4	take	_____	13	alone	_____
5	baggage	_____	14	wrap	_____
6	unfortunately	_____	15	screen	_____
7	pet	_____	16	suitcase	_____
8	of course	_____	17	leave	_____
9	believe	_____	18	surprisingly	_____

B [영작훈련]   괄호 안의 단어들을 올바른 순서로 배열하여 문장을 완성하세요.

1 여러분은 거북이가 한 번은 버거처럼 보이게 만들어졌다는 것을 믿을 수 있는가? (was made, a burger, a turtle, to look like)
Can you believe that one time _____?

2 그는 자신의 애완 거북이를 버거 종이로 쌌다. (his pet turtle, a burger wrapper, wrapped, with, he)

_____

3 불행히도, 그의 거북이를 (비행기에) 탑승시켜 데리고 가려는 그의 계획은 실패했다. (his turtle, failed, his plan, aboard, to carry)
Unfortunately, _____.

4 한 공항 직원이 엑스레이 화면에서 이상한 것을 발견했다. (found, strange, something, an airport official)
_____ on the X-ray screen.

5 내 가방에 거북이는 없어요. (my bag, no, in, is, turtle, there)

_____

A [단어확인] 다음 단어에 해당하는 우리말 뜻을 쓰세요.

1	dragon	_____	**10**	advice	_____
2	tail	_____	**11**	protect	_____
3	western	_____	**12**	symbol	_____
4	good luck	_____	**13**	breathe	_____
5	myth	_____	**14**	gigantic	_____
6	evil	_____	**15**	bring	_____
7	mysterious	_____	**16**	culture	_____
8	fear	_____	**17**	magical	_____
9	powerful	_____	**18**	lizard	_____

B [영작훈련] 괄호 안의 단어들을 올바른 순서로 배열하여 문장을 완성하세요.

1 많은 문화에서 용들을 다르게 생각한다. (dragons, ways, in, think of, different)
Many cultures _____ .

2 그들은 조언을 해주고 행운을 가져다준다. (luck, and, advice, bring, give, good)
They _____ .

3 몇몇 사람들은 용들을 신들이나 그들의 왕들의 상징으로 여긴다. (as, some, dragons, think of, people, gods)
_____ or symbols of their kings.

4 그들은 악한 동물이며 사람들은 그들을 두려워한다. (them, animals, people, and, evil, fear)
They are _____ .

5 사람들은 용들을 보호하려고 하지 않는다. (to protect, try, dragons, don't)
People _____ .

story A art

A [단어확인] 다음 단어에 해당하는 우리말 뜻을 쓰세요.

1	develop	_____	8	quickly	_____
2	listen to	_____	9	learning	_____
3	effect	_____	10	pregnant	_____
4	question	_____	11	guess	_____
5	result	_____	12	brain	_____
6	rat	_____	13	growth	_____
7	experiment	_____	14	importance	_____

B [영작훈련] 괄호 안의 단어들을 올바른 순서로 배열하여 문장을 완성하세요.

1 어떤 과학자들은 학습에 대한 모차르트 음악의 효과를 연구했다. (Mozart's music, of, learning, on, the effects)
Some scientists studied _____.

2 3살 이하의 아이들이 그의 음악을 들었을 때, 그들의 뇌는 더 빨리 성장했다. (their brains, listened to, developed, his music, faster)
When children under 3 _____.

3 그는 그것들을 미로에 넣었다. (a maze, put, he, in, them)

_____

4 첫 번째 그룹은 두 번째 그룹보다 그 미로를 더 빨리 빠져나왔다. (the second, than, more quickly, group)
The first group got out of the maze _____.

5 비록 몇몇의 사람들은 그 효과에 대해 의문을 품지만, 많은 임산부들은 모차르트 음악을 듣는다. (question, some, although, the effect, people)
_____, a lot of pregnant women listen to Mozart.

A [단어확인]   다음 단어에 해당하는 우리말 뜻을 쓰세요.

1 spread _____

2 mistake _____

3 powder _____

4 by accident _____

5 slightly _____

6 one day _____

7 oven _____

8 birth _____

9 regular _____

10 melt _____

11 lucky _____

12 dough _____

13 surprising _____

14 expect _____

B [영작훈련]   괄호 안의 단어들을 올바른 순서로 배열하여 문장을 완성하세요.

1 만약 여러분이 초콜릿 칩 쿠키를 좋아한다면, 여러분은 Ruth Wakefield에게 그녀의 행운의 실수에 대해 감사해야 한다. (thank, her lucky mistake, Ruth Wakefield, should, for, you)
   If you love chocolate chip cookies, _____.

2 만약 내가 이 초콜릿 바를 조각내면, 그것들은 구워지고 있는 뜨거운 오븐 속에서 녹아 반죽의 도처에 퍼질 것이다. (chocolate bar, if, break, small pieces, this, into, I)
   _____, they will melt and spread throughout the dough while they're baking in the hot oven.

3 그녀가 오븐에서 쿠키를 꺼내었을 때, 그녀는 뭔가 다른 것을 보았다. (the cookies, took, the oven, out of, when, she)
   _____, she saw something different.

4 그 초콜릿은 단지 약간만 녹았고, 여전히 조각 상태로 있었다. (and, in, still, was, pieces)
   The chocolate only melted slightly, _____.

5 이것이 초콜릿 칩 쿠키의 탄생이었다. (was, chocolate chip, the, of, birth, cookies)
   This _____.

story A animal

A [단어확인]   다음 단어에 해당하는 우리말 뜻을 쓰세요.

1 female _____
2 build _____
3 inside _____
4 side by side _____
5 hold _____
6 take care of _____
7 Antarctica _____

8 stand _____
9 look for _____
10 freezing _____
11 freeze _____
12 nest _____
13 come out _____
14 male _____

B [영작훈련]   괄호 안의 단어들을 올바른 순서로 배열하여 문장을 완성하세요.

1 암컷 황제펭귄은 바다로 가서 먹이를 찾는다. (to sea, food, and, goes away, looks for)
   A female emperor penguin _____.

2 수컷 펭귄은 알을 자신의 발 위에 놓고 그것을 따뜻하게 유지한다. (and, warm, the egg, on, it, keeps, holds, his feet)
   The male penguin _____.

3 알들은 얼음에 닿아서는 안 되는데, 안에 있는 새끼가 얼 수 있기 때문이다. (the ice, eggs, not, should, touch)
   _____ because the baby inside will freeze.

4 수컷 펭귄들은 나란히 있으며 서로를 따뜻하게 유지한다. (each other, stay, warm, side by side, keep, and)
   Male penguins _____.

5 그들은 4개월 동안 이렇게 서 있다. (four, stand, months, like this, for)
   They _____.

A [단어확인] 다음 단어에 해당하는 우리말 뜻을 쓰세요.

1	shadow	_____	**9**	burn	_____
2	fall	_____	**10**	shine	_____
3	hourglass	_____	**11**	sand	_____
4	at first	_____	**12**	flow	_____
5	pointer	_____	**13**	fill	_____
6	hole	_____	**14**	jar	_____
7	go by	_____	**15**	candle	_____
8	these days	_____	**16**	past	_____

B [영작훈련] 괄호 안의 단어들을 올바른 순서로 배열하여 문장을 완성하세요.

1 해가 바늘 위에서 비출 때, 그것은 그림자를 만들었다. (the sun, on, the pointer, shone, when)

_____, it made a shadow.

2 사람들은 그림자를 보고 시간을 알았다. (the shadow, knew, looked at, and, the time)

People _____.

3 그들은 모래시계를 만들어서 그것을 모래로 채웠다. (with, and, it, sand, an hourglass, filled)

They made _____.

4 모든 모래가 떨어지는 데 약 한 시간이 걸렸다. (an hour, fall through, for all of the sand, to, about)

It took _____.

5 물이 단지 안으로 조그만 구멍을 통해 흘러들어왔다. (a small, through, into, flowed, jars, hole)

Water _____.

story Ⓐ **people**

A [단어확인]   다음 단어에 해당하는 우리말 뜻을 쓰세요.

1 set out _____   10 across _____
2 explorer _____   11 drown _____
3 return _____   12 journey _____
4 steal _____   13 stay _____
5 land _____   14 settlement _____
6 mind _____   15 set up _____
7 complain _____   16 pirate _____
8 voyage _____   17 cargo _____
9 sink _____   18 ocean _____

B [영작훈련]   괄호 안의 단어들을 올바른 순서로 배열하여 문장을 완성하세요.

1 가장 유명한 탐험가 중의 한 사람은 Francis Drake 경이었다. (was, the most, of, famous, one, explorers)

_____ Sir Francis Drake.

2 Drake는 풍부한 금 화물을 가지고 영국으로 돌아왔다. (gold, a rich, with, of, cargo)

Drake returned to England _____.

3 스페인 사람들은 Drake는 해적이라고 불평했다. (was, complained, a pirate, Drake, that)

The Spanish _____.

4 그는 북아메리카에 최초의 영국인 정착지를 세울 계획이었다. (set up, planned, English settlement, to, the first, he)

_____ in North America.

5 하지만 그는 정착지를 만들 정도로 충분히 오래 머물지는 못했다. (a settlement, enough, make, to, long)

But he could not stay there _____.

A [단어확인] 다음 단어에 해당하는 우리말 뜻을 쓰세요.

1	octopus	_____	10 enemy	_____
2	beak	_____	11 bite	_____
3	sharp	_____	12 shell	_____
4	shoot	_____	13 escape	_____
5	parrot	_____	14 hole	_____
6	arm	_____	15 lastly	_____
7	hard	_____	16 fight	_____
8	hold	_____	17 tightly	_____
9	hide	_____	18 skin	_____

B [영작훈련] 괄호 안의 단어들을 올바른 순서로 배열하여 문장을 완성하세요.

1 문어는 그것의 적으로부터 피하는 다양한 방법을 가지고 있다. (its enemies, escaping, from, of)
An octopus has many ways _____.

2 문어는 그것의 피부색을 바꿀 수 있다. (its skin, the color, able to, of, change, is)
An octopus _____.

3 그러면 그것의 적들은 어떤 것도 보거나 냄새를 맡을 수 없다. (cannot, anything, see, smell, or)
Then, its enemies _____.

4 그것은 그것의 적들을 세게 잡고 강한 부리로 그들을 문다. (strong, and, them, beak, its, bites, with)
It holds its enemies tightly _____.

5 그것은 심지어 조개껍데기에도 구멍을 낼 수 있다. (a shell, in, make, a hole)
It can even _____.

story A origin

A [단어확인] 다음 단어에 해당하는 우리말 뜻을 쓰세요.

1 add	_____	**8** flavor	_____
2 sugar-free	_____	**9** introduce	_____
3 chewing gum	_____	**10** popular	_____
4 cube	_____	**11** stick to	_____
5 company	_____	**12** strawberry	_____
6 boil	_____	**13** outside	_____
7 sugary	_____	**14** natural	_____

B [영작훈련] 괄호 안의 단어들을 올바른 순서로 배열하여 문장을 완성하세요.

1 그는 천연 나무진을 끓이고 거기다 맛을 첨가했다. (and then, tree gum, flavors, added, natural)
He boiled _____.

2 Fleer 형제가 껌을 정육면체 스타일로 만들었다. (in, style, gum, cube, made)
The Fleer brothers _____.

3 그 껌은 겉에 설탕 성분이 있었다. (the outside, on, had, sugar, the gum)

_____

4 1960년대에, 껌 회사들은 무설탕 껌을 소개했다. (companies, introduced, the 1960s, chewing gum, in)

_____ sugar-free gum.

5 오늘날 많은 종류의 무설탕 껌이 있다. (sugar-free, kinds of, are, chewing gum, many, there)
Today, _____.

A [단어확인] 다음 단어에 해당하는 우리말 뜻을 쓰세요.

1	by accident	_____	8	frog	_____
2	drown	_____	9	finally	_____
3	pass	_____	10	get out (of)	_____
4	in the end	_____	11	cheese	_____
5	jar	_____	12	reply	_____
6	solid	_____	13	turn into	_____
7	someone	_____	14	swim	_____

B [영작훈련] 괄호 안의 단어들을 올바른 순서로 배열하여 문장을 완성하세요.

1 어느 날, 그들은 우연히 우유가 든 병으로 뛰어들었다. (into, by accident, they, milk, a jar of, jumped)
   One day, _____ .

2 우리는 결국 익사하게 될 거야. (the end, drown, will, in)
   We _____ .

3 그는 수영하기를 멈추고 우유 속에서 익사하였다. (drowned, the milk, swimming, and, in)
   He stopped _____ .

4 그는 발밑에 딱딱한 것을 느꼈다. (his feet, solid, something, under)
   He felt _____ .

5 우유가 치즈로 변했다. (into, cheese, the milk, turned)
   _____

A [단어확인] 다음 단어에 해당하는 우리말 뜻을 쓰세요.

1	prepare	_____	7	add	_____
2	lower	_____	8	dissolve	_____
3	salt	_____	9	salty	_____
4	freezer	_____	10	fill	_____
5	amount	_____	11	both	_____
6	at all	_____	12	every	_____

B [영작훈련] 괄호 안의 단어들을 올바른 순서로 배열하여 문장을 완성하세요.

1 소금은 다양한 쓰임이 있다. (many, salt, uses, has)

_____

2 한 컵에 소금 1/3컵을 첨가하라. (one-third, salt, cup of, add)

In one cup, _____.

3 소금이 녹은 후에, 두 컵을 냉동실에 넣어라. (into, both, the freezer, cups, put)

After the salt dissolves, _____.

4 순수한 물은 얼음처럼 얼지만 소금물은 전혀 얼지 않는다. (won't, at all, the salty, but, freeze, water)

The fresh water will freeze like ice _____.

5 그것은 소금이 물의 어는점을 낮추기 때문이다. (the freezing, of water, lowers, salt, point)

That's because _____.

A [단어확인]   다음 단어에 해당하는 우리말 뜻을 쓰세요.

1	protect	_____	8 safe	_____
2	each other	_____	9 enemy	_____
3	attack	_____	10 land	_____
4	hunt	_____	11 social	_____
5	shy	_____	12 in groups	_____
6	female	_____	13 stressful	_____
7	teamwork	_____	14 raise	_____

B [영작훈련]   괄호 안의 단어들을 올바른 순서로 배열하여 문장을 완성하세요.

1 각 무리에는 단지 한 마리 또는 두 마리의 수컷이 있고 많은 암컷들이 있다. (one or two, each group, only, males, has)

_____ and a lot of females.

2 암컷들이 함께 대부분의 사냥을 하고 새끼 사자들을 기른다. (most of, females, the hunting, do)

_____ and raise the baby lions together.

3 그들은 팀워크를 사용하여 서로 돕는다. (each other, and, teamwork, help, use)
They _____ .

4 그들이 사냥을 할 때, 그들은 두세 마리의 무리로 움직인다. (of, two or three, in groups, move)
When they hunt, they _____ .

5 그들은 적의 공격으로부터 그들의 영토를 보호하고 가족을 안전하게 지킨다. (safe, enemy attack, keep, from, their family)
They protect their land and _____ .

story A origin

A [단어확인] 다음 단어에 해당하는 우리말 뜻을 쓰세요.

1	bathe	_____	**9** luxury	_____
2	clean	_____	**10** available	_____
3	common	_____	**11** dirt	_____
4	at that time	_____	**12** afford	_____
5	imagine	_____	**13** soap	_____
6	regularly	_____	**14** wash away	_____
7	century	_____	**15** among	_____
8	stream	_____	**16** however	_____

B [영작훈련] 괄호 안의 단어들을 올바른 순서로 배열하여 문장을 완성하세요.

1 우리는 항상 깨끗해지고 싶어 한다. (to, clean, always, be, want, we)

_____

2 하지만, 사람들에게는 비누가 없었다. (did not, soap, have, people)

However, _____ .

3 그들은 규칙적으로 목욕했고 비누로 씻었다. (soap, with, cleaned, and)

They bathed regularly _____ .

4 대부분의 사람들은 그것을 살 여유가 없었다. (afford, not, could, it)

Most people _____ .

5 마침내 비누는 모든 사람들 사이에서 일상품이 되었다. (among, a common, all people, item)

Finally, soap became _____ .

A [단어확인] 다음 단어에 해당하는 우리말 뜻을 쓰세요.

1	automatic	_____	9 whenever	_____
2	goose	_____	10 sudden	_____
3	experience	_____	11 pleasure	_____
4	theory	_____	12 reaction	_____
5	as a result	_____	13 skin	_____
6	bump	_____	14 get used to	_____
7	species	_____	15 spring up	_____
8	volume	_____	16 scared	_____

B [영작훈련] 괄호 안의 단어들을 올바른 순서로 배열하여 문장을 완성하세요.

1 닭살은 우리가 추위를 느낄 때마다 피부에서 올라오는 작은 튀어나온 부분들이다. (on, are, goose bumps, little bumps, the skin)

_____ that spring up whenever we feel cold.

2 작게 튀어나온 부분들은 goose bumps(닭살)라는 이름이 주어졌다. (the name, given, goose bumps, were)

The little bumps _____ .

3 그러나 새의 대부분 종들은 우리와 같은 털이 없다. (birds, hair, have, species of, like us, do not, most)

However, _____ .

4 때때로 여러분은 좋은 음악을 들을 때 닭살이 돋을 수 있다. (listen, you, good music, when, to)

Sometimes, you can get goose bumps _____ .

5 이론 중 하나는 소리의 크기의 갑작스러운 변화는 우리의 뇌가 잠시 동안 두려움을 느끼게 만든다는 것이다. (the sudden, that, the volume, changes, one, is, in, of, the theories)

_____ make our brain scared for a moment.

story Ⓐ sports

A [단어확인] 다음 단어에 해당하는 우리말 뜻을 쓰세요.

1 brush _____   6 move _____
2 close _____   7 stone _____
3 score _____   8 point _____
4 sweep _____   9 touch _____
5 slide _____   10 target _____

B [영작훈련] 괄호 안의 단어들을 올바른 순서로 배열하여 문장을 완성하세요.

1 이 스포츠의 선수들은 큰 돌들과 긴 솔들을 필요로 한다. (and, big stones, long brushes, need)
The players of this sport _____.

2 한 선수가 얼음 위 표적을 향해 돌을 미끄러지듯 굴린다. (toward, the stones, one player, a target, slides)
_____ on the ice.

3 그 표적은 '집'이라 불린다. (called, the, is, target)
_____ 'the house.'

4 다른 선수들은 얼음 위를 솔질한다. (the ice, with, sweep, brushes, the other players)
_____

5 이렇게 함으로써, 그 돌들은 표적에 더 가깝게 이동한다. (to, closer, their target, move, the stones)
By doing this, _____.

A [단어확인]   다음 단어에 해당하는 우리말 뜻을 쓰세요.

1 enormous _____
2 human _____
3 whale _____
4 give birth to _____
5 mammal _____

6 lay _____
7 cold-blooded _____
8 huge _____
9 temperature _____
10 have in common _____

B [영작훈련]   괄호 안의 단어들을 올바른 순서로 배열하여 문장을 완성하세요.

1 고래는 거대한 물고기처럼 보인다. (an enormous, looks, fish, like)
A whale _____.

2 사람처럼 고래는 새끼를 출산한다. (to, birth, their babies, give)
Just like humans, whales _____.

3 그밖에 고래는 사람과 어떤 공통점이 있을까? (in common, have, with humans)
What else do whales _____?

4 고래의 체온은 사람처럼 항상 일정하다. (the same, is, the humans, as, that of)
The body temperature of a whale _____.

5 그러나 물고기는 냉혈동물이다. (are, cold-blooded, fish)
However, _____.

story **A** nature

A [단어확인]   다음 단어에 해당하는 우리말 뜻을 쓰세요.

1	life	_____	9	medicine	_____
2	wonder	_____	10	stream	_____
3	produce	_____	11	cure	_____
4	form	_____	12	without	_____
5	disease	_____	13	living thing	_____
6	ocean	_____	14	clothes	_____
7	give thanks to	_____	15	plant	_____
8	oxygen	_____	16	power	_____

B [영작훈련]   괄호 안의 단어들을 올바른 순서로 배열하여 문장을 완성하세요.

1 모든 생명체는 물을 필요로 한다. (water, things, need, living)
   All _____ .

2 우리는 깨끗한 물을 당연한 일로 여겨서는 안된다. (for granted, clean water, take)
   We should not _____ .

3 그것들은 우리에게 약을 주고 질병을 치료하는 데 도움이 된다. (us, give, medicine, they)
   _____ and help cure diseases.

4 우리는 요리하고, 옷을 만들고, 그리고 집을 짓는 데 그것들을 사용한다. (making clothes, and, for, building houses, cooking)
   We use them _____ .

5 우리는 그것들 없이 살 수 없다. (without, live, cannot, them)
   We _____ .

A [단어확인]   다음 단어에 해당하는 우리말 뜻을 쓰세요.

1	continue	_____	**9**	mechanism	_____
2	salmon	_____	**10**	physical	_____
3	be ready to	_____	**11**	freshwater	_____
4	in order to	_____	**12**	undergo	_____
5	sense	_____	**13**	exact	_____
6	up to	_____	**14**	grow	_____
7	return	_____	**15**	recognize	_____
8	once	_____	**16**	develop	_____

B [영작훈련]   괄호 안의 단어들을 올바른 순서로 배열하여 문장을 완성하세요.

1 연어는 민물 개울에서 태어난다. (freshwater, born, streams, in, are)
Salmon _____.

2 그들은 바다로 나가기 전에 성장하는 데에 1년에서 3년까지 보낸다. (spend, one, three years, they, growing, to)
_____ before they go out to the sea.

3 일단 대양으로 나가게 되면, 그들은 계속해서 자라고 성장할 것이다. (develop, grow, continue, and, to)
Once out in the ocean, they will _____.

4 가장 놀라운 것은 그들이 자신들의 고향 개울로 나아가려 한다는 것이다. (home streams, their way, their, make, to)
Most surprisingly, they will _____.

5 많은 과학자들은 연어가 그들의 후각을 이용하여 자신의 고향 강을 인지한다고 믿는다. (and, home rivers, their, their sense, recognize, use, of smell)
Many scientists believe salmon _____.

MEMO

사뿐

중학 사회
중학 역사

사회를 한 권으로
가뿐하게!

중학 사회

①-1   ②-1   ①-2   ②-2

중학 역사

①-1   ②-1   ①-2   ②-2

필독

중학 국어로 수능 잡기

✦ **필독** 중학 국어로 수능 잡기 시리즈

| 문학 | 비문학 독해 | 문법 | 교과서 시 | 교과서 소설 |

EBS

중｜학｜도｜역｜시 **EBS**

중학 영독해 20일 단기완성

MY READING COACH

GOOD DAY!

NEW

NO BAD VIBES

OKAY!

thank you! have a good day!

정답과 해설

1 LEVEL

정답과 해설

story **A** · **소재** 음식과 관련된 표현들　　　　　　　　　　　　　　⊃ 본책 6쪽

정답

1 ②　　**2** ①　　**3** in apple-pie[good] order　　**4** a. cucumber b. calm

해석

여러분은 '분필과 치즈처럼(물과 기름처럼)'이라는 표현을 아는가? 그것은 두 개가 서로 매우 다르다는 뜻이다. 그러면 '오이처럼 침착한'은 어떤가? 차분하고 자신감 있는 사람을 설명할 때 이 어구를 사용한다. 여러분은 사과파이를 좋아하는가? 음, 만약 사물들이 질서 정연하게 정리되어 있으면, '모든 것이 사과파이처럼 정돈되어 있다(질서 정연하다).'라고 말한다. 또한, 어떤 것이 매우 쉬울 때, '케이크 한 조각이다(식은 죽 먹기다).'라고 말할 수 있다. 마지막으로, 어떤 사람의 얼굴이 빨개지면, 우리는 '그는 비트처럼 빨갛다(홍당무처럼 빨갛다).'라고 말할 수 있다. 이제 여러분은 알 것이다, 음식은 먹기 위한 것만은 아니라는 것을!

해설

1 이 글은 음식과 관련된 관용 표현들에 대해 설명하고 있으므로, 빈칸에는 음식이 먹는 것뿐만 아니라 다른 데도 사용될 수 있다는 취지의 말이 와야 알맞다.
　　① 여러분은 음식을 묘사할 수 없다　　　　② 음식은 먹기 위한 것만이 아니다
　　③ 음식으로 사람들을 묘사할 수 없다　　　④ 여러분은 음식에 대해 알아야 한다
　　⑤ 음식은 요리하는 데만 사용된다

2 ① 영어 시험은 정말 쉬웠다.
　　② 엉망진창이구나! 너의 방은 질서 정연하게 정리되어 있다.
　　③ 나는 언니와 똑같다. 우리는 마치 물과 기름 같다.
　　④ 나의 어머니는 나에게 소리를 지르셨다. 그녀는 매우 차분하셨다.
　　⑤ 그가 공포 영화를 보았을 때, 그는 창백해졌다. 그의 얼굴은 홍당무처럼 빨갰다.

3 '~을 깨끗이 정돈하다'는 put ~ in apple-pie[good] order로 나타낸다.

4 a. 오이는 딱딱한 초록색 껍질을 가진 길고 가는 채소이다.
　　b. Tina는 항상 차분하고 자신감이 있다. 그녀는 결코 화를 내지 않는다.

구문

· ~ "**as cool as** a cucumber"?
　→ 「as + 형용사(부사)의 원급 + as ~」는 '~만큼 …한'의 뜻으로 원급을 이용한 비교구문이다.
· Lastly, when someone's face **turns red** ~.
　→ turn은 '(~한 상태로) 변하다, ~이 되다'의 뜻으로, someone's face turns red는 '누군가의 얼굴이 빨개지다'라는 뜻이다.

⊃ 워크북 88쪽

Workbook　　**A** **1** 설명하다　**2** 쉬운　**3** 다른　**4** 질서 정연하게　**5** 자신감 있는　**6** 분필　**7** 조각　**8** 어구, 구　**9** 무언가　**10** 차분한, 조용한　**11** 마지막으로　**12** 의미하다, 뜻하다　**13** 얼굴　**14** 오이
　　B **1** as cool as a cucumber　**2** describe a calm and confident person　**3** If things are in good order　**4** It's a piece of cake　**5** When someone's face turns red

story B | 소재 | 여러 나라의 생일 전통

정답

1 ④ **2** ④ **3** the key means unlocking the door to their child's future **4** a. waltz b. crowns

해석

생일은 전 세계 어린이들에게 중요하다. 어떤 생일 전통은 비슷하지만, 다른 전통은 매우 다르다. 볼리비아에서는 소녀가 16살이 되면, 그녀는 하얀색 원피스를 입고 아버지와 젊은 남자들과 함께 왈츠를 춘다. 러시아 사람들은 생일 케이크 대신에 생일 파이를 먹는다. 남아프리카 공화국 사람은 21살이 되면, 그들의 부모들은 그 또는 그녀에게 열쇠를 준다. 그 열쇠는 그들의 미래의 문을 여는 것을 의미한다. 네덜란드에서는 '왕관'의 해가 있다. 그러한 해는 5살, 10살, 15살, 20살, 그리고 21살과 같이 특별한 생일 해이다. 그러한 해에 생일을 맞이한 아이는 큰 선물을 받는다. 마지막으로, 이탈리아에서는 사람들이 아이의 귀를 생일 나이만큼 잡아당긴다.

해설

1 주어진 문장에서 언급된 '그러한 해'는 ⓓ 앞 문장에서 언급된 '왕관의 해'에 대한 구체적인 예시이며, ⓓ 다음 문장의 '그러한 해에는'과 이어져서 그 해에 행해지는 구체적인 내용과 연결된다. 따라서 주어진 문장은 ⓓ에 들어가는 것이 가장 적절하다.

2 네덜란드에서는 '왕관'의 해인 5, 10, 15, 20, 21살에 생일을 맞이하면 큰 선물을 받는다고 했지, 왕관을 선물로 받는다고는 하지 않았다.
① 볼리비아: 왈츠 추기 ② 러시아: 생일 파이 먹기 ③ 남아프리카 공화국: 열쇠 받기
④ 네덜란드: 왕관 받기 ⑤ 이탈리아: 생일인 아이 귀 잡아당기기

3 남아프리카 공화국 부모들이 자녀들이 21살이 되는 생일에 왜 열쇠를 주는지 6번째 줄에 직접적으로 언급이 되어 있다.

> 질문: 왜 남아프리카 공화국 부모들은 그들 자녀의 21번째 생일에 열쇠를 주는가?
> 대답: 왜냐하면 열쇠는 그들 자녀의 미래의 문을 여는 것을 의미하기 때문이다.

4 a. Jane은 파티에서 Tim과 왈츠를 추었다.
b. 왕과 왕비는 금으로 만든 왕관을 그들의 머리 위에 쓴다.

구문

• **Some** birthday traditions are similar but **others** are very different.
→ 「some ~ others ....」는 '(많은 사람(것) 중에서) 어떤 사람(것)들은 ~이고(하고), 다른 사람(것)들은 …이다(하다)'의 의미이다. 부정대명사는 불특정 대상이나 일정하지 않은 수량 등을 나타내는 대명사이다.

⊃ 워크북 89쪽

Workbook | Ⓐ **1** 열다 **2** (어떤 나이·시기가) 되다 **3** 받다 **4** 전통 **5** 특별한 **6** ~ 대신에 **7** 선물 **8** 네덜란드 **9** 미래 **10** 잡아당기다 **11** 왕관 **12** ~와 같은 **13** 전 세계적으로 **14** 유사한
Ⓑ **1** Birthdays are important for children **2** are similar but others are very different **3** Instead of birthday cakes **4** unlocking the door to their future **5** as many times as their birthday age

story A

○ 본책 10쪽

소재 곤충이 우리에게 해주는 일

정답

1 ⑤   **2** ①   **3** plants flower   **4** a. annoying b. medicine

해석

곤충들은 거슬릴 수 있다. 그들은 여러분을 물 수도 있고 여러분 주변에서 윙 하는 소리를 내서 여러분을 깨울 수도 있다. 하지만, 그들은 실제로 식물과 동물에게 훌륭한 것을 많이 제공하기 때문에 삶에서 중요하다. 예를 들어, 우리는 곤충들에게서 꿀과 비단을 얻는다. 몇몇 식물들은 벌, 나비, 개미와 같은 곤충들의 도움으로 꽃을 피운다. 특히 딱정벌레와 같은 많은 곤충들은 죽은 동물과 낙엽을 먹고 살며 그렇게 함으로써 다른 식물과 동물에게 유용한 물질을 만들어낸다. 또한, 우리는 몇몇 곤충들을 약으로 사용한다. 여러분은 여전히 곤충들이 거슬린다고 생각하는가?

해설

1 곤충이 거슬릴 수도 있지만, 식물과 동물들에게 훌륭한 것을 많이 제공하기 때문에 삶에서 중요한 것이므로 (A)에는 '~하기 때문에'라는 의미의 because가 알맞다. (B)에는 곤충이 하는 또 다른 좋은 점을 나열하고 있으므로 '또한'이라는 의미의 Also가 알맞다.
① 그리고 …… 그러나   ② 그래서 …… ~하기 때문에   ③ ~하기 때문에 …… 그러나
④ 그래서 …… 또한   ⑤ ~하기 때문에 …… 또한

2 곤충이 물거나 윙 하는 소리를 내서 깨우는 등 거슬릴 수 있지만, 곤충은 실제로 우리에게 꿀과 비단을 제공하고 꽃을 피우는 데 도움이 되며, 죽은 동물이나 낙엽을 먹고 살면서 유용한 물질들을 만들어내고 약으로도 사용되는 이점이 있다는 내용의 글이다.
① 곤충들의 이점   ② 곤충들로 만든 음식   ③ 곤충들의 단점
④ 곤충들로 만든 제품   ⑤ 전 세계의 위험한 곤충들

3 Some plants flower with the help of insects like bees, butterflies, and ants.에서 벌과 개미 같은 곤충들이 식물들이 꽃을 피우는 데 도움을 준다고 했다.

> 질문: 벌과 개미와 같은 곤충들은 무슨 일을 하는가?
> 대답: 그들은 몇몇 식물들이 꽃을 피우는 데 도움을 준다.

4 a. Tom은 샤워에서 너무 많은 시간을 보낸다. 그것은 아침에 거슬릴 수도 있다.
b. 약을 먹어라. 곧 회복될 것이다.

구문

• ~ because they **provide** plants and animals **with** many wonderful things.
→ 「provide A with B」는 'A에게 B를 제공하다'라는 의미이다.

○ 워크북90쪽

Workbook

Ⓐ **1** 벌 **2** 꿀 **3** 제공하다 **4** 물다 **5** 특히 **6** 죽은 **7** 딱정벌레 **8** 그렇게 함으로써 **9** 곤충 **10** ~을 먹고 살다 **11** 낙엽 **12** 거슬리는, 성가시게 하는 **13** 비단 **14** 개미 **15** 약 **16** (잠에서) 깨우다 **17** 윙 하는 소리를 내다 **18** 꽃을 피우다

Ⓑ **1** They can bite you. **2** plants and animals with many wonderful things **3** flower with the help of insects **4** feed on dead animals and fallen leaves **5** we use some insects as medicine

story B **소재** 거짓말 구별법

정답

1 ④ **2** ⑤ **3** look down **4** a. blinked b. seconds

해석

때때로 사람들은 거짓말을 한다. 여러분은 그것을 어떻게 알 수 있을까? 사람들이 거짓말을 할 때, 그들은 종종 그들의 코를 만지거나 눈을 빠르게 깜박인다. 또한 어떤 사람들은 그들이 거짓말을 할 때 눈길을 돌리거나 아래를 본다. (다른 사람들은 좋은 이유에서 거짓말을 한다.) 거짓말을 진실과 구별하는 빠른 방법이 있다. 한 사람에게 질문을 해 보라. 그 사람이 느리게 대답하는가? 그러면 그 사람은 거짓말을 하고 있을지도 모른다. 사람들이 질문에 답을 하는 데 보통 0.5초가 걸린다. 그러나 사람들이 거짓말을 할 때, 여러분은 다른 반응을 볼 수 있다. 그것은 그들이 답을 떠올리는 데 더 많은 시간이 필요하기 때문이다.

해설

1 이 글은 사람들이 거짓말을 할 때의 행동에 대해 설명하고 있다. 따라서 좋은 이유로 거짓말을 한다는 내용의 ⓓ는 글의 흐름상 관계 없는 문장이다.

2 질문에 대답을 천천히 하면 거짓말일 가능성이 있다는 내용에서 '다른 반응'이 의미하는 바를 유추해 낼 수 있다.

3 look down은 '아래를 보다, 눈을 내려 깔다'라는 의미이다.

> • 걸을 때 아래를 보지 마라.
> • 나는 수줍음이 있어. 사람들에게 말할 때 나는 눈을 내려 깔아.

4 a. Mike는 그의 눈을 매우 빠르게 떴다가 감았다. 그는 그의 눈을 깜박였다.
b. 한 시간에는 몇 초가 있니?

구문

• When people lie, they **often** touch their noses or blink their eyes quickly.
  → often은 빈도부사로 '종종'이라는 의미를 가지며 일반적으로 조동사 뒤나 일반동사 앞에 위치한다.
• Then that person **may** be lying.
  → may는 조동사로 '~일지도 모른다, ~일 것이다'라는 추측의 의미를 가지며 뒤에 동사원형이 온다.
• It's because they need more time **to come up with an answer**.
  → to come ~은 형용사적 용법의 to부정사로 앞의 more time을 수식한다.

➲ 워크북 91쪽

Workbook

Ⓐ **1** 빨리 **2** 알다 **3** 보통 **4** 느리게 **5** 아래를 보다 **6** 질문 **7** (시간 단위) 초 **8** 답하다 **9** (눈을) 깜박이다 **10** 이유 **11** 필요로 하다 **12** 만지다 **13** 반응, 응답 **14** 구별하다 **15** 눈길을 돌리다 **16** ~을 떠올리다 **17** 거짓말하다; 거짓말 **18** 수줍어하는

Ⓑ **1** they often touch their noses **2** a fast way of distinguishing lies from truth **3** person may be lying **4** you can see a different response **5** more time to come up with an answer story A

• **소재** 후각으로 아픈 곳을 찾은 개

⊃ 본책 14쪽

• **정답**

1 ④   **2** ⓑ-ⓐ-ⓒ-ⓓ   **3** suddenly felt pain in her stomach   **4** a. couch b. suddenly

• **해석**

Jennifer는 그녀의 개인 Jack 덕분에 아직 살아 있다. 어느 날, 그녀는 그녀의 사랑스러운 개와 함께 소파에 누워 있었다. 그런데 그때, 아무 이유 없이, Jack이 그녀의 눈을 응시하고 그녀의 냄새를 맡기 시작했다. 그 후, 그는 Jennifer에게 뛰어올랐고 그녀는 갑자기 배에 통증을 느꼈다. 그녀는 당장 의사를 찾아갔다. 놀랍게도 의사는 그녀의 몸에서 암을 찾아냈다. 그녀는 일주일 후 수술을 받을 수 있었다. Jack은 그녀가 아파서 누워 있을 때 항상 그녀의 곁에 있었다. Jennifer는 마침내 회복했고, Jack은 정말로 그녀의 가장 친한 친구였다.

• **해설**

1 Jennifer는 Jack 덕분에 암을 치료했으므로 (A)에는 '살아 있는'의 의미인 alive가 알맞고, 수술 후 마침내 병에서 '회복되었다'고 해야 하므로 (B)에는 recovered가 알맞다.
 ① 깨어 있는 …… 편안해졌다   ② 깨어 있는 …… 회복했다   ③ 살아 있는 …… 도착했다
 ④ 살아 있는 …… 회복했다   ⑤ 건강한 …… 도착했다

2 어느 날 Jack이 Jennifer의 냄새를 맡다가 그녀에게 뛰어올랐고, 그때 배에 통증을 느낀 Jennifer가 병원을 찾아가게 된다. 병원에서 암 진단을 받고 일찍 수술을 받을 수 있어 회복하게 된 일련의 과정을 순서대로 나열하면 된다.

3 After that, he jumped onto Jennifer ~ 문장에서 Jennifer가 Jack의 행동 후 통증을 느꼈다는 것을 알 수 있다.

> 질문: Jack이 Jennifer에게 뛰어올랐을 때 무슨 일이 벌어졌는가?
> 대답: 그녀는 갑자기 배에 통증을 느꼈다.

4 a. 한 남자가 소파에 앉아 있다. 그는 책을 읽고 있다.
 b. 버스가 갑작스럽게 출발해서 나는 넘어질 뻔했다.

• **구문**

• One day, she **was lying down** on the couch with her lovely dog.
 → 「be동사의 과거형(was/were)+v-ing」 형태의 과거진행형이 사용된 문장으로 '~하고 있었다'라는 의미이다. lie는 '눕다'라는 뜻인데 뒤에 -ing를 붙이면 lying이 된다.

⊃ 워크북 92쪽

Workbook

Ⓐ **1** 놀랍게도 **2** 누워 있다 **3** 통증 **4** 항상 **5** 여전히 **6** 냄새를 맡다 **7** 응시하다 **8** 살아 있는 **9** 수술 **10** ~ 덕분에 **11** 배, 위 **12** 긴 소파 **13** 후에 **14** 방문하다 **15** 사랑스러운 **16** ~할 수 있다 **17** 갑자기 **18** 회복하다

Ⓑ **1** she was lying down on the couch   **2** started to stare into her eyes and sniff her   **3** suddenly felt pain in her stomach   **4** was able to get surgery a week later   **5** was indeed her best friend

소재 Boxing Day의 유래

⊃ 본책 16쪽

정답

1 ② **2** (A): servants (B): boxes **3** give it to people in need **4** a. national b. need

해석

12월 26일인 Boxing Day는 많은 서양 국가들의 국경일이다. 그것은 긴 역사를 가지고 있다. 중세 시대에, 그것은 하인들을 위한 휴무일이었다. 하인들은 크리스마스에 그들의 주인들을 위해 열심히 일했고, 그래서 그들의 주인들은 그들의 고된 일에 대해 그들에게 감사를 표현하고 싶었다. 크리스마스 다음 날, 주인들은 음식과 과일을 상자 안에 넣고 그것들을 그들의 하인들에게 선물로 주었다. 하인들은 집에서 그 상자들을 가족들과 함께 열어보고 선물들을 나누었다. 오늘날, 사람들은 그 상자를 'Christmas Box'라고 부른다. 그들은 'Christmas Box' 안에 돈과 선물을 넣고 그것을 도움이 필요한(궁핍한) 사람들에게 준다.

해설

1 중세 시대부터 시작된 Boxing Day의 유래에 대해 설명한 글이다.
  ① 세계의 명절들 ② Boxing Day의 유래
  ③ 크리스마스이브의 특별 행사들 ④ 권투: 가장 인기 있는 운동들 중 하나
  ⑤ 중세 시대의 크리스마스의 의미

2 (A)는 주인들이 감사를 표하는 대상이므로 '하인들'을 가리킨다. (B)는 주인들이 하인들에게 선물로 주는 것이므로 바로 앞에 나온 '(음식과 과일이 담긴) 상자들'을 가리킨다.

3 「give + 직접목적어 + to + 간접목적어」 어순으로 배열한다. people in need는 '도움이 필요한 사람들'이라는 뜻이다.

4 a. 태극기는 한국의 국기이다.
  b. '어려울 때 친구가 진짜 친구이다.'라는 말이 있다.

구문

• ~ so their masters wanted **to thank** them for their hard work.
  → to thank는 동사 want의 목적어 역할을 하는 명사적 용법의 to부정사이다.
• **The day after** Christmas, the masters put food and fruit in boxes ~.
  → the day after ~는 '~ 다음날'이라는 뜻이다.
• Today, people **call the box a 'Christmas Box.'**
  → 「call A B」는 'A를 B라고 부르다'라는 뜻이다.

⊃ 워크북 93쪽

Workbook

Ⓐ 1 열심히; 힘든 **2** 서양의 **3** 부르다 **4** 12월 **5** 휴일 **6** 유래, 기원 **7** 역사 **8** 하인 **9** 나라, 국가 **10** 주인 **11** 나라의 **12** 도움이 필요한, 궁핍한 **13** 나누다, 공유하다 **14** B에 대해 A에게 감사를 표현하다

Ⓑ 1 a non-working day for servants **2** to thank them for their hard work **3** the masters put food and fruit in boxes **4** people call the box a 'Christmas Box' **5** give it to people in need story A • 소재 치아 요정과 관련된 여러 나라의 전통 ⊃ 본책 18쪽

• 정답

1 ① **2** the traditions **3** ④ **4** a. tooth b. pillow

• 해석

미국 아이들은 이가 빠지면, 그것을 그들의 베개 밑에 놓는다. 치아 요정이 밤에 와서 그들의 치아를 가져간다. 그녀는 그 자리에 돈을 놓는다. 사실, 치아 요정은 실제로 존재하지 않는다. 진짜 치아 요정은 어머니나 아버지이다. 멕시코에서 그 전통은 미국의 전통과 비슷하다. 그러나, 치아 요정은 요정 대신에 생쥐이다. 프랑스에서는 치아 요정이 돈 대신 선물을 남긴다. 슬로베니아 부모들은 치아의 대가로 사탕을 베개 밑에 놓는다. 비록 전통은 세계적으로 다르지만, 아이들이 빠진 치아 대신에 무엇인가를 얻기 때문에 그것들은 아이들을 행복하게 만든다.

• 해설

1 멕시코의 전통도 베개 밑에 빠진 이를 두면 그것을 가져가는 대신 돈을 놓는 것이 미국과 같지만, 치아 요정이 아니라 쥐가 그 역할을 한다고 했다. 따라서 이 부분에서 전통이 달라지기 때문에 대조를 나타내는 접속사 However가 와야 알맞다.
 ① 그러나   ② 마침내   ③ 그러므로   ④ 예를 들어   ⑤ 게다가

2 빠진 치아에 대해 무엇인가 보상을 받는 전통들은 나라마다 방법이 약간씩 다르지만, 무엇을 얻는다는 의미에서 그것들은 아이들을 기쁘게 한다는 내용이므로, 밑줄 친 they는 앞에 나온 전통들(the traditions)을 가리킨다.

3 In France, the tooth fairy leaves a gift instead of money.를 통해 프랑스에서는 돈 대신 선물을 놓는다는 것을 알 수 있다. 따라서 ④가 일치하지 않는 내용이다.

4 a. 그의 이가 아프다. 그는 치과에 가야 한다.
 b. 이 베개를 사용하면 나는 잠을 잘 잔다. 그것은 내 머리 밑에서 부드럽게 느껴진다.

• 구문

• ~, the tooth fairy is a mouse **instead of** a fairy.
 → instead of는 '~ 대신에'라는 뜻으로 뒤에 명사(구)가 온다.
• **Although** the traditions are different around the world, they **make children happy** ~.
 → Although는 '비록 ~일지라도, ~임에도 불구하고'라는 의미로 양보의 부사절을 이끄는 종속접속사이다.
 「make + 목적어 + 목적격보어(형용사)」는 '~을 …하게 만들다'라는 뜻이다.

⊃ 워크북 94쪽

Workbook Ⓐ **1** 요정 **2** 사실 **3** ~와 비슷한 **4** 남기다 **5** 장소, 곳 **6** 잃다 **7** 실제의 **8** 이, 치아 **9** 가져가다 **10** 생쥐 **11** 베개 **12** 전통
Ⓑ **1** When American children lose a tooth **2** the tradition is similar to the tradition in America **3** leaves a gift instead of money **4** Parents put candy under the pillow **5** Although the traditions are different

소재 맹인안내견의 역할

⊃ 본책 20쪽

정답

1 ⑤   2 (1) 시각장애인들이 자동차, 자전거, 도로의 구멍 등과 같은 위험을 피하도록 돕는다. (2) 시각장애인들이 안전하게 길을 건너도록 돕는다.   3 ⑤   4 a. blind b. interrupt

해석

여러분은 '맹인안내견'에 대해 알고 있는가? 이 개들은 시각장애인들의 눈과 같다. 그들은 몇 달 동안의 훈련을 받는다. 훈련 후, 그들은 시각장애인과 함께 산다. 그들의 일은 매우 중요하다. 그 개들의 도움으로, 시각장애인들은 도시를 돌아다닐 수 있다. 그들은 차, 자전거, 도로의 구멍과 같은 위험을 피할 수 있다. 맹인안내견들은 파란 불을 기다렸다가 시각장애인과 함께 안전하게 길을 건넌다. 그들은 흔히 귀여워서 사람들이 때때로 그들을 만진다. 그러나 그들은 그렇게 하면 안 된다. 그것은 그들의 일을 방해할 수 있다.

해설

1 ⓐ, ⓑ, ⓒ, ⓓ는 모두 맹인안내견을 가리키고, ⓔ의 they는 맹인안내견이 귀엽다고 만지는 사람들을 가리킨다.

2 맹인안내견은 시각장애인들이 도시를 안전하게 다니도록 도와준다. 시각장애인들이 자동차, 자전거, 도로의 구멍 등 위험에 빠지지 않도록 돕는다. 또한 시각장애인들이 길을 안전하게 건너도록 돕는다.

3 맹인안내견이 해서는 안 될 일에 대해서는 언급되지 않았으므로 ⑤의 질문에는 답할 수 없다.
   ① 맹인안내견은 무엇인가?
   ② 맹인안내견은 얼마나 오랫동안 훈련을 받는가?
   ③ 맹인안내견은 훈련을 받은 후 어디에 사는가?
   ④ 맹인안내견의 일은 무엇인가?
   ⑤ 맹인안내견이 해서는 안 될 일은 무엇인가?

4 a. 송 씨는 볼 수 없다. 그는 <u>시각장애인</u>이다.
   b. 너의 형은 지금 공부하고 있다. 소리를 줄여라. 그를 <u>방해하지</u> 마라.

구문

· These dogs are **like** the eyes of blind people.
   → like는 '~와 같은'이란 의미로 쓰인 전치사이다.
· **With the help of** the dogs, blind people can walk around the city.
   → with the help of는 '~의 도움으로'라는 의미의 전치사구이다.

⊃ 워크북 95쪽

Workbook   Ⓐ 1 피하다 2 자주, 흔히 3 시각장애의 4 때때로, 가끔 5 ~을 기다리다 6 안전하게 7 위험 8 받다 9 구멍 10 귀여운 11 몇몇의 12 건너다 13 살다 14 방해하다 15 훈련 16 길, 도로
Ⓑ 1 are like the eyes of blind people 2 they live with a blind person 3 blind people can walk around the city 4 cross the street safely with blind people 5 they should not do that

story **A**   **소재** 큰곰자리와 작은곰자리

○ 본책 22쪽

정답

1 ③   **2** Zeus가 Kallisto와 사랑에 빠진 것   **3** didn't want, kill   **4** a. Hunting   b. shine

해석

모든 그리스 신들의 아버지인 Zeus는 Kallisto와 사랑에 빠졌다. Zeus의 아내 Hera가 이것을 알게 되었을 때, 그녀는 매우 질투가 났다. 그래서 Hera는 예쁜 Kallisto를 거대한 곰으로 바꾸어 버렸다. 얼마 후, Kallisto의 아들 Arktos는 숲으로 사냥을 나갔다. 그가 그 곰을 봤을 때, 그는 그의 화살로 그것을 막 죽이려고 했다. 그러나 그 곰은 사실은 그의 어머니였다. Zeus는 Kallisto가 죽기를 바라지 않아서, Arktos 역시 곰으로 만들었다. 그런 후, 그는 그들을 하늘로 멀리 던졌다. 이제 Kallisto와 그녀의 아들 Arktos는 북극 하늘에서 함께 밝게 빛난다!

해설

1 Kallisto의 죽음과 그 이유는 언급되지 않으므로 ③은 대답할 수 없다.
① Zeus는 누구인가?   ② Arktos의 어머니는 누구인가?
③ Kallisto는 왜 죽었는가?   ④ Arktos는 숲에서 무엇을 하고 있었나?
⑤ Zeus는 Arktos에게 무엇을 하였는가?

2 대명사는 앞서 언급된 내용을 가리키므로, 앞 문장을 주의 깊게 봐야 한다. 밑줄 친 대명사 this는 바로 앞 문장 Zeus, father of all the Greek gods, fell in love with Kallisto.에 해당된다.

3 Arktos가 숲으로 사냥하러 갔다가 곰으로 변한 Kallisto를 죽이려고 하자, Zeus는 Kallisto가 죽는 것을 원하지 않아서 Arktos를 곰으로 바꿨다고 했다.

> 질문: 왜 Zeus는 Arktos를 곰으로 바꿨나?
> 대답: 왜냐하면 Zeus는 Arktos가 Kallisto를 죽이는 것을 원하지 않았기 때문이다.

4 a. 사냥은 사람들이 야생동물을 잡는 인기 있는 활동이다.
b. 밤에 하늘에서 별이 밝게 빛난다.

구문

• After a while, Kallisto's son Arktos **went hunting** in the forest.
→ 「go + v-ing」는 '~하러 가다'라는 뜻으로, go hunting은 '사냥하러 가다'라는 뜻이다.
• ~ he **was about to kill** it with his arrow.
→ 「be about to + 동사원형」은 '막 ~하려고 하다'라는 의미이다.

○ 워크북 96쪽

Workbook   **A** 1 숲 2 밝게 3 A를 B로 바꾸다 4 신 5 죽다 6 사냥 7 막 ~하려고 하다 8 멀리 9 얼마 후 10 함께 11 알아내다 12 죽이다 13 또한, 역시 14 빛나다 15 질투하는 16 던지다 17 사실, 실제로 18 화살
B 1 father of all the Greek gods 2 turned Kallisto into a great bear 3 went hunting in the forest 4 he was about to kill it with his arrow 5 threw them far up into the sky

소재 생강의 다양한 효능

⊃ 본책 24쪽

정답

1 ④ **2** ⑤ **3** It cures and prevents colds, coughs, sore throats, fevers, upset stomachs, motion sickness, etc. **4** a. prevent b. remedy

해석

많은 아시아 국가에서, 사람들은 그들의 많은 음식을 위한 주요 양념으로 생강을 사용하는 것을 정말 좋아한다. 그것은 강한 맛이 난다. 그들은 그것이 음식에 풍미를 더해주기 때문에 그것을 좋아한다. 생강은 또 다른 이유로 그들에게 중요하다. (많은 사람들은 생강을 양념으로 좋아하지 않는다.) 그들에게 그것은 단지 양념이 아니다. 그것은 좋은 약이다. 그것은 감기, 기침, 인후염, 열, 배탈, 멀미 등을 치료하고 예방한다. 그들은 생강의 건강상 이점들에 대해 알고 있고, 그래서 그들은 그것을 민간 치료법으로 사용한다.

해설

1 아시아 사람들이 생강을 중요한 양념으로 여기고 좋아한다고 한 뒤 민간 치료법에서의 활용을 소개하고 있다. 따라서 많은 사람들이 생강을 양념으로 좋아하지 않는다는 ⓓ의 문장은 흐름상 어색하다.

2 글의 전반부는 주요한 양념으로 쓰이는 생강에 대한 설명이고, 후반부는 민간 치료약으로 쓰이는 생강의 효능에 대한 설명이다. cure, prevent, a home remedy 등의 표현에 주목한다.
① 신호 ② 맛 ③ 양념 ④ 풍미 ⑤ 약

3 바로 앞 문장에서 생강의 건강상의 효능에 대해 설명하고 있다.

4 a. 우리가 눈 올 때 천천히 운전한다면 교통 사고를 <u>예방할</u> 수 있다.
b. 한국인들은 감기에 걸렸을 때 뜨거운 생강차를 마신다. 그것은 민간 <u>치료법</u>이다.

구문

• Ginger is important to them **for another reason**.
→ for는 '~ 때문에'라는 뜻으로 reason(이유)과 함께 쓰인다. another는 '또 하나의'라는 뜻이다.
• They know about the health benefits of ginger, so they use **it** as a **home remedy**.
→ it은 ginger를 가리키는 대명사이다. home remedy는 '민간 치료법, 가정 치료법'이란 뜻이다.

⊃ 워크북 97쪽

Workbook **Ⓐ 1** 감기 **2** 이점, 혜택 **3** (맛 등이) 강한 **4** 예방하다 **5** 풍미, 맛 **6** 생강 **7** 인후염 **8** 배탈 **9** 양념 **10** 또 다른 **11** 열 **12** 치료하다 **13** 약 **14** 사용하다 **15** 기침 **16** 음식 **17** 기호, 맛 **18** 더하다
Ⓑ 1 as a primary spice for many of their foods **2** because it adds flavor to foods **3** important to them for another reason **4** it is not just a spice **5** know about the health benefits of ginger

story Ⓐ ·소재· 케밥의 유래 ⊃ 본책 26쪽

·정답·

1 ① **2** metal stick, sword **3** ④ **4** a. ③ b. ① c. ②

·해석·

햄버거가 가장 오래된 종류의 패스트푸드일까? 아니다. 케밥이다. 케밥은 바비큐 된 고기의 일종이다. 케밥은 전 세계적으로 매우 인기가 있다. 사람들은 그것들을 빵 조각 사이에 채소와 함께 넣어서 샌드위치 같은 것을 만든다. 터키 군인들이 중세시대에 그것들을 처음 만들었다. 그 군인들은 빠르게 요리해야 했다. 그들은 검을 고기에 꽂아서 그것을 불 위에서 구웠다. 오늘날, 우리는 검 대신 금속 막대를 이용한다. 사람들은 그것들을 요리하기 위해 불 위에서 막대를 천천히 돌린다.

·해설·

1 가장 오래된 패스트푸드는 햄버거가 아닌 케밥이라고 했으므로 ①이 글의 내용과 일치하지 않는다.
　① 가장 오래된 패스트푸드는 햄버거이다. 　② 케밥은 전 세계에서 인기 있는 음식이다.
　③ 사람들은 케밥을 샌드위치처럼 먹는다. 　④ 터키 군인들이 처음 케밥을 만들었다.
　⑤ 터키 군인들은 케밥을 빠르게 요리할 수 있었다.

2 중세 시대에는 검을 이용해서 케밥을 요리했으나 요즘에는 검 대신 금속 막대를 이용한다고 했다.

> 요즘에는 사람들이 케밥을 만들 때 <u>금속 막대</u>를 고기에 꽂는다. 그러나 중세 시대의 터키 군인들은 <u>검</u>을 사용했다.

3 ⓐ, ⓑ, ⓒ, ⓔ는 모두 케밥을 가리키지만 ⓓ는 Turkish soldiers를 가리킨다.

4 a. 금속 — ③ 쇠, 철, 금과 같이 딱딱한 물질
　b. 발명하다 — ① 새로운 어떤 것을 만들거나 디자인하거나 생각해내다
　c. 바비큐 하다 — ② 불 위에서 음식을 요리하다

·구문·

• People put them between **pieces of bread** ~.
　→ bread는 셀 수 없는 명사이므로 단위를 나타내는 a piece of를 이용하여 수량을 나타낸다.
• People turn the stick slowly over fire **to cook them**.
　→ to cook them은 목적을 나타내는 부사적 용법의 to부정사구로 '~하기 위하여'라는 의미이다.

⊃ 워크북 98쪽

Workbook　Ⓐ **1** 채소 **2** 종류 **3** 발명하다 **4** ~ 대신에 **5** 군인 **6** 바비큐 된 **7** 검 **8** 빵 **9** 금속의; 금속 **10** 고기 **11** 돌리다 **12** 막대 **13** ~의 일종, 일종의 ~ **14** 터키의 **15** ~ 사이에 **16** 인기 있는
Ⓑ **1** the oldest type of fast food **2** very popular around the world **3** put them between pieces of bread with vegetables **4** into meat and cooked it over fire **5** a metal stick instead of a sword

정답

1 ②   **2** ②   **3** its white head   **4** a. bald b. feather

해석

여러분은 이 사진들 속의 새의 이름을 아는가? 그것은 대머리독수리(흰머리독수리)이다. 그 새를 다시 보라. 그 새가 대머리인가? 아니다! 그것은 하얀색 머리 때문에 대머리처럼 보일지도 모른다. 그것은 그것의 어두운 몸통 깃털과 대조를 보인다. 그렇다면, 왜 그것은 대머리독수리로 불릴까? 그것은 'bald'가 옛 영어 단어 'balde'에서 온 것이기 때문이다. 'Balde'는 'white'를 의미한다. 대머리독수리가 태어날 때, 그들의 색깔은 밝은 회색이다. 그들은 자라면서 갈색으로 변한다. 그들이 네다섯 살이 될 때, 보통 하얀색 머리와 꼬리를 갖게 된다. 여러분은 그들의 하얀색 머리 때문에 그것들을 멀리서 쉽게 발견할 수 있다.

해설

1 주어진 문장에 사용된 It's because ~.는 '그것은 ~이기 때문이다.'라는 뜻으로 이유를 제시할 때 사용하는 표현이다. 따라서 Then, why is it called a bald eagle?의 뒤인 ⓑ 자리에 오는 것이 가장 자연스럽다.

2 'balde'가 'bald'에서 유래된 것이 아니라 'bald'가 'balde'에서 유래된 것이다.

3 contrast with는 '~과 대조를 보이다'라는 뜻으로 어두운 색의 몸통 깃털과 대조를 보이는 것은 바로 앞 문장에 언급된 하얀색 머리(the white head)이다.

4 a. 나의 할아버지는 대머리이시다. 그는 머리에 머리카락이 없다.
  b. 이 가방은 깃털처럼 가볍다. 나는 그것을 손가락으로 들어 올릴 수 있다.

구문

• It may look bald **because of** its white head.
  → because of는 '~ 때문에'라는 뜻으로 뒤에 명사(구)가 온다.
• Then, why **is** it **called** a bald eagle?
  → 「be동사 + 과거분사」는 수동태로 '~되다, 당하다'라는 뜻이다. is called는 '~라고 불리다'라는 뜻이다.
• **When** bald eagles are born, their color is light gray.
  → When은 '~일 때'라는 뜻으로 시간의 부사절을 이끄는 접속사이다.

                                                                 ⊃ 워크북 99쪽

Workbook

Ⓐ **1** ~으로 변하다, ~하게 되다 **2** 멀리서 **3** 태어나다 **4** 쉽게 **5** 대머리의 **6** 회색 **7** 발견하다, 찾다 **8** 보통 **9** 대조[차이]를 보이다 **10** 꼬리 **11** 밝은 **12** 깃털

Ⓑ **1** because of its white head **2** Why is it called a bald eagle? **3** When bald eagles are born **4** normally have white heads and tails **5** them easily from a distance story **A** **소재** 시력을 거의 잃은 훌륭한 궁수 임동현   ⊃ 본책 30쪽

정답

1 ③   **2** ③   **3** blind, set   **4** a. famous b. ability

해석

시각장애인이 궁수가 될 수 있을까? 음, 임동현은 '법적인 시각장애인'이고 그는 한국에서 유명한 궁수가 되었다. 그의 시력은 20/200이다. 그가 20피트 떨어진 곳에서 볼 수 있는 것을 다른 이들은 200피트 떨어진 곳에서 볼 수 있다. 그에게 표적은 얼룩진 페인트처럼 보인다. 약시에도 불구하고, 그는 2004년 올림픽 경기에서 세계기록을 세웠다. 8년 후, 2012년 올림픽에서는 세계신기록을 세웠다. 그의 능력의 비결은 수많은 시간의 고된 훈련에 있다.

해설

1 빈칸 뒤에 2004년 올림픽 경기에서 세계신기록을 세웠다는 내용이 이어지므로, 문맥상 '약시에도 불구하고'가 알맞다. 따라서 빈칸에는 '~에도 불구하고'의 의미를 가진 ③ Despite가 적절하다.
   ① ~ 덕분에   ② ~ 대신에   ③ ~에도 불구하고   ④ ~ 때문에   ⑤ ~ 때문에

2 임동현 선수가 약시임에도 불구하고 궁수로서 올림픽 경기에서 세계신기록을 세울 수 있었던 비결은 수많은 시간 동안의 고된 훈련에 있었다는 내용이다. 따라서 이 글의 교훈으로는 ③이 적절하다.
   ① 쉽게 얻은 것은 쉽게 잃는다.   ② 늦더라도 하는 것이 하지 않는 것보다 낫다.
   ③ 연습이 완벽하게 해준다.   ④ 정직이 최상의 방책이다.
   ⑤ 빈 수레가 요란하다.

3 임동현은 시력이 매우 나쁜 '법적인 시각장애인'이지만 올림픽에서 세계신기록을 세웠다는 글의 내용으로 보아 첫 번째 빈칸에는 blind가 알맞고, 두 번째 빈칸에는 set이 알맞다.

> 임동현은 거의 눈이 멀었지만, 그는 올림픽에서 세계신기록을 세웠다.

4 a. 몇몇 K-pop 스타들은 전 세계에서 유명하다. 많은 다른 나라의 사람들이 그들을 안다.
   b. 그는 뛰어난 능력의 사람이다. 그는 어려움 없이 많은 것들을 할 수 있다.

구문

• To him, the target **looks like** smudged paint.
   → 「look like + 명사」는 '~처럼 보이다'의 의미이다.

⊃ 워크북 100쪽

Workbook   **A** 1 수많은 2 능력 3 시력 4 표적 5 시각장애의 6 정책, 방침 7 그릇, 용기 8 ~에도 불구하고 9 법적으로 10 비결, 비밀 11 약시, 좋지 않은 시력 12 유명한 13 정직 14 거의
B 1 What he can see at 20 feet 2 The target looks like smudged paint. 3 Despite his poor eyesight 4 He set a new world record 5 his ability is numerous hours of hard work

●소재 전시의 식생활

⊃ 본책 32쪽

●정답

1 ②　　**2** ③　　**3** food scraps, meat　　**4** a. meals　b. feed

●해석

과거에는 전쟁 동안에 여자들은 가족을 먹이기 위해 음식을 이용하는 영리한 방법을 생각해야 했다. 고기는 단백질 때문에 중요했다. 어떤 사람들은 그들의 정원에서 닭, 토끼나 돼지를 키웠다. 다른 사람들은 'pig club'에 가입했다. 그들은 그들의 음식 찌꺼기를 돼지에게 먹이라고 농부에게 주었다. 돼지를 잡았을 때 그들은 그 고기를 나눴다. 사람들은 음식을 낭비하지 않으려고 주의를 기울였다. 그들은 돼지의 모든 부위를 요리했다. 심지어 그들은 발과 꼬리까지도 요리했다. 하지만 전쟁 동안에 대부분의 사람들은 전쟁 전보다 더 잘 먹었다. 그들은 과일과 채소를 더 먹었고 지방과 당분을 덜 먹었다. 전쟁 동안의 식사는 오늘날 우리가 먹는 일부 음식보다 더 건강에 좋았다.

●해설

1 주어진 문장은 '발(feet)과 꼬리(tail)까지도 요리했다'는 내용으로 ⓑ 앞에 나온 '모든 부위를 요리했다'라는 문장에 대한 좀더 자세한 예시이다. 따라서 주어진 문장은 ⓑ에 들어가는 것이 가장 적절하다.

2 전쟁 동안에 식생활이 어땠는지 소개하는 글이다. 전쟁 동안은 과일과 채소를 더 먹고 지방과 당분은 덜 먹게 되어 오히려 전쟁 전이나 현재보다 더 건강에 좋은 식사를 했다는 내용이다.

3 pig club은 키우는 가축이 없는 사람들이 음식 찌꺼기를 농부에게 제공하여 돼지에게 먹인 후, 그 돼지를 잡았을 때 고기를 나누어 가지는 모임이다.

> 'pig club'에 가입한 사람들은 농부에게 그들의 음식 찌꺼기를 주고 돼지를 잡은 후에 고기를 좀 얻었다.

4 a. 나는 하루에 두 끼만 먹는다. 나는 아침을 먹지 않는다.
　 b. 동물들에게 그것을 먹이지 마라. 사람의 음식은 그들에게 좋지 않다.

●구문

• People were careful **not to waste** food.
　→ to부정사의 부정은 to 앞에 not을 쓰며 '~을 낭비하지 않으려고'라는 의미이다.
• Wartime meals were **healthier than** some of the food **we eat today**.
　→ 「비교급 + than」은 '~보다 더 …하다'라는 뜻이다. the food 뒤에는 목적격 관계대명사 which나 that이 생략되어 있으며 we eat today는 선행사 the food를 수식한다.

⊃ 워크북 101쪽

Workbook　Ⓐ **1** 단백질　**2** 지방　**3** 정원　**4** ~에 대해 생각하다　**5** 전시　**6** 방법, 방식　**7** 낭비하다　**8** ~ 동안에　**9** 심지어　**10** (동물을) 기르다　**11** 영리한　**12** 건강한, 건강에 좋은　**13** 밥을 먹이다; 먹이를 주다　**14** 식사, 끼니　**15** 전쟁　**16** 찌꺼기, 남은 음식
　　Ⓑ **1** was important for protein　**2** They gave their food scraps to a farmer　**3** were careful not to waste food　**4** during the war than before it　**5** than some of the food we eat today

story **A**   • 소재 Mpemba Effect   ⊃ 본책 34쪽

• 정답

1 ②   **2** ②   **3** Hot, cold   **4** a. sound b. Age

• 해석

찬물과 뜨거운 물 중 냉동고 안에서 어떤 것이 더 빨리 얼까? 정답은 뜨거운 물이다. 그것이 이상하게 들릴 수도 있지만, 어떤 조건에서는 사실이다. 이 현상이 'Mpemba Effect'이다. 실제로 이 흥미로운 생각은 아리스토텔레스 시대에 시작되었는데, 그 당시에는 사람들이 그것에 주의를 기울이지 않았다. 1963년에 Mpemba라는 한 탄자니아 고등학생이 과학 시간에 뜨거운 우유와 설탕으로 아이스크림을 만들고 있던 중에 그 현상을 관찰했다. 그가 그것을 현대 과학자들에게 소개한 후에, 그들은 이 과학적 현상을 연구하기 시작했다. 그러나 과학자들은 그것을 증명하지 못했다. 이것이 왜 일어나는지는 아직도 분명하지 않다.

• 해설

1 문맥상 탄자니아 고등학생인 Mpemba가 발견하고 난 후에 그 현상을 현대 과학자들이 연구하기 시작했다고 해야 알맞다. 따라서 빈칸에는 '~ 이후에'라는 의미의 접속사 After가 알맞다.
  ① ~ 전에   ② ~ 후에   ③ 만약 ~라면   ④ ~ 동안   ⑤ 비록 ~일지라도

2 마지막 두 문장에서 아직도 그 현상의 이유가 분명하게 증명되지 않았다고 했으므로 ②에 대해서는 알 수 없다.
  ① 그것은 무엇인가?   ② 그것은 왜 일어나는가?
  ③ 언제 그 생각은 시작되었는가?   ④ Mpemba는 언제 그것을 발견했는가?
  ⑤ 누가 그것을 현대 과학자들에게 소개했는가?

3 Mpemba Effect는 어떤 조건에서는 뜨거운 물이 찬물보다 빨리 어는 현상이라고 했다.

> Mpemba Effect: 어떤 조건에서는 뜨거운 물이 찬물보다 빨리 언다.

4 a. 너는 영어를 매우 잘하는구나. 원어민이 말하는 것처럼 들린다.
  b. 이같은 정보화 시대에서 여러분은 많은 정보를 쉽게 찾을 수 있다.

• 구문

• **Which** freezes first in the freezer, cold water **or** hot water?
  → 둘 중에 하나를 고르라고 할 때에는 which를 사용하여 「Which ~, A or B?」로 나타낸다.
• ~ **while** he was making ice cream with hot milk and sugar in his science class.
  → while은 '~하는 동안'이라는 뜻으로 때를 나타내는 부사절을 이끈다.

⊃ 워크북 102쪽

Workbook   **A** 1 냉동고 2 불분명한, 모호한 3 어떤, 특정한 4 증명하다 5 이상한, 우스꽝스러운 6 조건 7 관찰하다 8 얼다 9 과학적인 10 여전히, 아직도 11 시대 12 ~처럼 들리다 13 사실인 14 그 당시에 15 ~에 주목하다 16 A를 B에게 소개하다
  B 1 Which freezes first in the freezer 2 started in the age of Aristotle 3 pay attention to it at that time 4 while he was making ice cream with hot milk and sugar 5 After he introduced it to modern scientists

소재 황소의 적록색맹

⊃ 본책 36쪽

정답

1 ③　　2 황소는 자신을 보호하기 위해서 움직이는 물체를 향해 덤벼든다.　　3 moving, red, danger, protect
4 a. still　b. behavior

해석

투우사들은 어떻게 사나운 황소 앞에 가만히 서 있을 수 있는 것일까? 그들은 두렵지 않을까? 그들은 황소에 대해서 알기 때문에 그렇게 한다. 실제로 빨간색은 황소를 성나게 하지 않는다. 사실 대부분의 포유동물들처럼, 그들은 적록색맹이다. 그들의 눈에는 투우사들의 빨간색 망토는 회색 망토이다. 그 대신에, 황소들은 빠르고 갑작스러운 움직임에 매우 민감한데, 왜냐하면 그것은 종종 위험의 신호이기 때문이다. 그들은 위험으로부터 자신들을 보호하고 싶어 하고, 그래서 움직이는 물체에 덤벼든다. 그들은 빨간색 망토가 빨간색이기 때문이 아니라 움직이기 때문에 돌진한다. 투우사들은 황소의 이런 행동 유형들을 이해한다.

해설

1 빈칸 바로 앞 문장에서 황소는 적록색맹이라고 설명하고 있다. 따라서 빈칸에는 황소에게는 빨간색이 회색으로 보인다는 내용을 전달하는 ③이 와야 적절하다.
　① 빨간색은 위험의 신호이다　　　　　　② 빨간색은 가장 흥분시키는 색깔이다
　③ 투우사의 빨간 망토는 회색이다　　　　④ 성난 황소들이 가장 위험하다
　⑤ 투우사들이 위험으로부터 그들을 보호하고 있다

2 this type of behavior of bulls는 앞에서 언급된 황소들의 행동의 특징을 의미한다.

3 황소들이 예민하고 위험으로 여기는 것은 움직임이지 빨간색 자체가 아니다. 이러한 내용에 근거하여 빈칸의 내용을 완성한다.

> 황소들은 빨간색 물체가 아니라 움직이는 물체에 민감하다. 황소들은 투우사들이 빨간색 망토를 빠르게 움직이기 때문에 그것을 위험의 신호로 본다. 그래서 그들은 자신들을 보호하기 위해 투우사들에게 달려든다.

4 a. 나는 꽃이나 화병과 같은 정물을 그리는 것을 좋아하는데, 왜냐하면 그것들은 움직이지 않기 때문이다.
　b. 너의 개는 항상 너무 많이 짖고 사람들에게 뛰어오른다. 너는 그것의 행동을 고치려고 노력해야 한다.

구문

• Actually, the color red doesn't **make bulls crazy**.
　→ 「make + 목적어 + 목적격보어(형용사)」는 '~을 …하게 하다'라는 뜻이다.
• Instead, bulls **are** very **sensitive to** quick, sudden movement **because** ~.
　→ 「be sensitive to ~」는 '~에 민감하다'라는 뜻이다. because는 '왜냐하면 ~이기 때문이다'라는 뜻으로 원인을 나타내는 부사절을 이끈다.

⊃ 워크북 103쪽

Workbook

Ⓐ 1 두려워하는 2 물체 3 망토 4 움직임 5 보호하다 6 행동 7 사나운, 흥분한 8 황소 9 민감한 10 투우사 11 (미친 듯이) 성난 12 갑작스러운 13 위험 14 ~에 돌진하다 15 ~의 앞에 16 덤벼들다, 공격하다

Ⓑ 1 stand still in front of wild bulls　2 doesn't make bulls crazy　3 very sensitive to sudden movement　4 want to protect themselves from danger　5 They charge the red cape because it is moving

story Ⓐ · 소재 마르게리타 피자의 유래

· 정답
1 ②   2 Queen, flag, white, red   3 ⓑ → ⓓ → ⓐ → ⓒ   4 a. curious b. flag

· 해석
여러분은 마르게리타 피자가 무엇인지 아는가? 그것은 가장 사랑받는 이탈리아 피자의 종류이다. 이 종류의 피자는 1889년에 처음 등장했다. 그 해에 이탈리아 여왕은 그녀의 왕국을 여행하고 있었다. 그 여행 중에 그녀는 몇몇의 농부들을 보았다. 그들은 피자를 먹고 있었다. 그 여왕은 그 음식에 대해 궁금해했다. 그녀는 유명한 요리사인 Raffaele Esposito를 만났고 그에게 그것에 대해 이야기했다. 그러자 그는 그녀를 위해 특별한 피자를 만들었다. 그 피자는 이탈리아 국기의 세 가지 색, 즉 녹색 바질, 하얀색 모차렐라 치즈, 그리고 빨간색 토마토를 가지고 있었다. 이것은 여왕이 가장 좋아하는 피자가 되었다. 그것의 이름은 그 여왕의 이름인 마르게리타였다.

· 해설
1 이 글은 마르게리타 피자의 탄생에 관한 글이다. 이탈리아 국기 색깔에 대한 언급은 있으나 이것이 전체 주제라고 할 수는 없다.

2 마르게리타 피자는 여왕의 이름을 본따서 만들었으며 이탈리아 국기의 세 가지 색깔이 들어 있다.

> 그 피자는 여왕 마르게리타의 이름을 따라 마르게리타라는 이름이 붙여졌다. 그것은 이탈리아 국기의 세 가지 색, 즉 녹색, 하얀색 그리고 빨간색을 가지고 있다.

3 여왕이 여행을 하는 모습인 ⓑ가 가장 처음에 일어난 일이고, 그 다음은 여왕이 여행 중 목격한 농부들이 피자를 먹는 모습이므로 ⓓ가 와야 한다. 피자에 대해 궁금해진 여왕이 요리사에게 그 피자에 대해 설명하는 모습인 ⓐ 다음에 마지막으로 마르게리타를 먹는 여왕의 모습인 ⓒ가 오는 것이 알맞다.

4 a. 민지네 반에 새로운 학생이 왔다. 그녀는 그에 대해 알고 싶어 한다. 그녀는 그에게 호기심이 있다.
  b. 국경일에 우리는 국기를 집 앞에 게양한다.

· 구문
• The queen **was curious about** the food.
  → be curious about ~은 '~에 대해 궁금해하다'라는 의미이다.

❍ 워크북 104쪽

Workbook
Ⓐ 1 궁금한 2 여행하다 3 특별한 4 종류 5 나타나다 6 가장 좋아하는 7 여왕 8 깃발 9 여행 10 사랑받는 11 요리사 12 농부
Ⓑ 1 the most beloved type of Italian pizza 2 was curious about the food 3 met with a famous chef and told him about it 4 had the three colors of the Italian flag 5 became the queen's favorite pizza

◀소재 바오밥나무 이야기   ⊃ 본책 40쪽

◀정답

1 ②   **2** was so tired of listening to the baobab tree   **3** picked up   **4** a. branches b. tasty

◀해석

사람들은 바오밥나무를 '거꾸로 뒤집힌 나무'라고 부른다. 일 년에 아홉 달 동안, 바오밥나무에는 잎이 나지 않는다. 잎이 없는 가지들은 마치 뿌리처럼 보인다. 그래서 바오밥나무는 실제로 거꾸로 뒤집힌 것처럼 보인다. 거꾸로 뒤집힌 나무에 관한 재미있는 이야기가 있다. 오래 전에 바오밥나무가 신에게 말했다. "제 열매를 맛있게 만들어 주세요." 그 나무는 요청하고 또 요청했다. 그 신은 듣는 데 너무나 지쳤다. 그래서 그는 그 나무를 뽑아서 거꾸로 심어 버렸다. 그렇게 해서 그것은 더 이상 말하지도 요청하지도 못하게 되었다.

◀해설

1 바오밥나무의 또 다른 이름이 '거꾸로 뒤집힌(upside-down) 나무'이므로 앙상한 가지는 '뿌리'처럼 보였을 것임을 추측할 수 있다.

① 나무들   ② 뿌리들   ③ 열매   ④ 잎들   ⑤ 꽃들

2 신이 바오밥나무의 계속된 요청에 지쳐서 바오밥나무를 거꾸로 심었다고 했다.

> 질문: 왜 신은 바오밥나무를 거꾸로 심었는가?
> 대답: 왜냐하면 신은 바오밥나무의 말을 듣는 것에 너무 지쳤기 때문이다.

3 pick up은 '~을 뽑다, ~을 줍다, ~을 찾아오다'라는 의미로 쓰인다.

> • 그는 땅바닥의 쓰레기를 주웠다.
> • John은 집에 오는 길에 세탁소에서 옷을 찾아왔다.

4 a. 잎들, 꽃들, 그리고 열매는 나무의 가지에서 자란다.
   b. 그 후식은 달고 맛있었다.

◀구문

• People **call a baobab tree an "upside-down tree."**
   → 「call + 목적어 + 목적격보어」의 형태로 쓰여 '~을 …라고 부르다'라는 의미를 나타낸다.
• The god **was** so **tired of** listening.
   → 「be tired of + v-ing」는 '~하는 데 지치다'라는 의미이다.

⊃ 워크북 105쪽

Workbook   **A** 1 재미있는 2 뽑다 3 잎 4 ~처럼 보이다 5 요청하다 6 거꾸로 뒤집힌 7 열매 8 가지 9 더 이상
   10 ~ 없는, ~ 없이 11 심다 12 맛있는
   B 1 call a baobab tree an upside-down tree 2 without leaves look like roots 3 Make my
   fruit tasty. 4 was so tired of listening 5 it couldn't talk and ask anymore

story A ⊙ **소재** 때늦은 후회 ⊃ 본책 42쪽

정답

1 ⓑ – ⓐ – ⓓ – ⓒ **2** divided it in half, and gave her one half **3** ate his cookies **4** a. divide
b. flight

해석

한 젊은 여성이 비행기를 기다리고 있었다. 그녀는 책과 쿠키 한 봉지를 샀다. 그녀는 팔걸이의자에 앉았고 책을 읽었다. 한 남자가 그녀의 옆자리에 앉아서 그의 잡지를 읽었다. 그녀는 봉지에서 쿠키를 하나 먹었다. 그러고 나서 남자가 하나를 먹었다. 그녀가 또 하나를 집었고 그도 또 하나를 집었다. 그녀는 화가 났다. 결국 봉지에는 하나의 쿠키만 있었다. 남자는 마지막 쿠키를 집더니, 반으로 나누어서 그녀에게 반을 주었다. 그녀는 매우 화가 났다. 그녀는 탑승구로 걸어갔다. 나중에, 그녀는 안경을 찾기 위해 가방 안을 보았다. 거기에는 그녀의 쿠키 봉지가 있었다.

해설

1 여자는 책과 쿠키 한 봉지를 사서(ⓑ) 의자에 앉아 책을 읽으며 쿠키를 먹었는데 옆에 앉은 남자가 쿠키를 먹었고(ⓐ), 이에, 화가 난 여자가 공항의 탑승구를 통해 들어간 후(ⓓ) 가방 안에 자신의 쿠키가 있는 것을 발견했다(ⓒ)는 순서가 되어야 한다.

2 The man took the last cookie, divided it in half, and gave her one half.를 통해 마지막 쿠키를 어떻게 했는지 알 수 있다.

> 질문: 남자는 마지막 쿠키로 무엇을 하였는가?
> 대답: 그는 그것을 반으로 나누어서 그녀에게 반을 주었다.

3 여자의 가방 안에 쿠키 봉지가 있었으므로 여자가 남자의 쿠키를 먹은 것임을 알 수 있다.

> 그녀는 남자가 자신의 쿠키를 먹었다고 생각했다. 하지만 사실 그녀가 남자의 쿠키를 먹었다.

4 a. 너는 손으로 사과를 반으로 나눌 수 있니? 난 그것을 네 조각으로 나눌 수 있어.
  b. 비행은 비행기로 여행하는 것이다.

구문

• Then, the man took **one**.
  → one은 대명사로 a cookie를 가리킨다.
• ~ and gave her **one half**.
  → one half는 1/2을 나타낸다.

⊃ 워크북 106쪽

Workbook Ⓐ **1** 비행 **2** 화가 난 **3** 나누다 **4** ~을 기다리다 **5** 마지막의 **6** 살펴보다 **7** ~ 옆에 **8** 결국, 마침내 **9** 반; 절반으로 **10** 안경 **11** 봉지 **12** 탑승구, 게이트 **13** 잡지 **14** 오직
Ⓑ **1** was waiting for her flight **2** took a cookie from the package **3** the man took one **4** took another and he took another **5** divided it in half, and gave her one half

소재 Death Valley의 움직이는 바위들　　　　　　　　　　　　　　⊃ 본책 44쪽

정답

1 ② 　　**2** 바위들이 스스로 움직여서 긴 자국을 남기는 것　　**3** ⑤ 　　**4** a. ③　b. ①　c. ②

해석

Death Valley(죽음의 골짜기)에 있는 바위들에 이상한 점이 있다. Death Valley는 큰 사막인데 그것은 움직이는 바위들로 유명하다. 그 바위들은 스스로 움직이고 땅에 긴 자국을 남긴다. 종종 그것들은 200미터를 움직인다! 아무도 이 불가사의한 바위가 왜 움직이는지 몰랐다. 과학자들은 그 불가사의를 해결하려고 시도했다. 그들은 움직이는 바위의 지도를 만들었다. 마침내, 그들은 답을 찾았다. 낮에 Death Valley는 뜨겁지만 밤에는 추워진다. 땅에 있는 물은 얇은 얼음으로 변한다. 그런 뒤 강한 바람이 얼음 위 바위들을 움직이는 것이다! 아침에 태양이 땅을 말려서 그 위에 자국만 남는다.

해설

1 빈칸 뒷부분에 바위가 움직인 이유를 설명하는 부분이 나오므로 빈칸에는 '답을 찾았다'는 내용이 알맞다.
　　① 바위를 움직였다　　　　　　② 답을 찾았다　　　　　　③ 바위가 변하는 것을 보았다
　　④ 수수께끼를 푸는 것을 포기했다　　⑤ 움직이는 바위들의 지도를 만들었다

2 바위들이 스스로 움직여서 긴 자국을 남긴 것을 미스터리라고 표현하였다.

3 얼음이 녹은 물에 의해 바위가 움직이는 것이 아니라, 땅에 있는 물이 밤에 얇은 얼음으로 변하면 그 뒤 강한 바람에 의해 얼음 위 바위들이 움직이는 것이므로 ⑤는 내용과 일치하지 않는다.

4 a. 이상한 — ③ 특이하거나 기이한
　　b. 지도 — ① 지구의 한 부분의 상세한 그림
　　c. 지면, 땅 — ② 지구의 표면

구문

• There's **something strange** with the rocks in Death Valley.
　→ something처럼 -thing으로 끝나는 대명사는 형용사가 뒤에서 수식한다.
• The rocks move **themselves** and leave long marks on the ground.
　→ 주어와 목적어가 같은 대상을 가리킬 때 재귀대명사를 쓴다. themselves는 문맥상 '스스로, 저절로'라는 뜻이다.
• Nobody **knew why these mysterious rocks moved**.
　→ nobody knew는 '아무도 몰랐다'라는 의미이다. knew의 목적어로 「의문사＋주어＋동사」의 의문사절이 쓰였다.

⊃ 워크북 107쪽

Workbook　　**A** **1** 남기다 **2** 불가사의한 **3** 땅 **4** 마침내 **5** 표시, 자국 **6** 신비 **7** 이상한 **8** 사막 **9** 해결하다 **10** 마르게 하다 **11** 바위 **12** 지도 **13** 누구도 ～아닌 **14** 얇은
　　B **1** There's something strange with the rocks **2** is famous for moving rocks **3** move themselves and leave long marks on the ground **4** tried to solve the mystery **5** on the ground changes into thin ice

story Ⓐ •**소재** 손 씻는 습관의 중요성 ⊃ 본책 46쪽

•**정답**

1 ⑤ **2** ④ **3** for more than 30 seconds **4** a. rules b. coughing

•**해석**

우리가 손을 씻을 때, 우리는 손에 있는 세균의 99.8%를 없앨 수 있다. 의사들은 말한다. "대부분의 질병은 손을 씻지 않아서 퍼집니다. 손을 씻는 규칙적인 습관을 가지세요. 그렇게, 여러분은 약 70%의 질병을 예방할 수 있습니다." 여러분은 건강을 유지하고 싶은가? 그렇다면, 이 간단한 규칙을 잊으시오(→ 기억하시오). 첫째, 규칙적으로 손을 씻으시오. 식사 전 그리고 요리하기 전에, 화장실을 다녀온 후에, 코를 풀거나 기침을 한 후, 그리고 밖에서 논 후에 손을 씻으시오. 둘째, 손을 씻을 때 30초 이상 동안 씻으시오. 여러분이 이 규칙을 따른다면, 여러분은 더 건강하고 자주 아프지 않을 것이다!

•**해설**

1 손 씻기를 통해 세균은 99.8%, 질병은 70%를 예방할 수 있다고 하였으므로 글의 요지는 ⑤가 적절하다.
① 세균은 손에 의해 쉽게 퍼진다.
② 비누는 더러운 손을 씻기에 좋다.
③ 여러분은 의사의 말에 주의 깊게 귀를 기울여야 한다.
④ 여러분의 잘못된 식습관이 여러분을 아프게 할 수 있다.
⑤ 여러분은 손을 씻음으로써 질병을 예방할 수 있다.

2 건강을 유지하기 위해 규칙적으로 손을 씻는 규칙을 기억해야 한다는 것이 흐름상 적절하다. 따라서 ⓓ forget 을 remember로 고쳐 써야 한다.

3 Second, when you wash your hands, wash them for more than 30 seconds.에서 손을 씻을 때 얼마나 오랫동안 씻어야 하는지를 찾을 수 있다.

> 질문: 우리는 손을 얼마나 오랫동안 씻어야 하는가?
> 대답: 30초 이상 손을 씻어야 한다.

4 a. 친절하고, 도움이 되고, 그리고 정직하기는 우리 학급 규칙들이다. 여러분은 그것들을 따라야 한다.
b. 나는 독감에 걸려서 밤새 기침을 했다. 이제 내 목이 아프다.

•**구문**

· Do you want to **stay healthy**?
→ stay가 '~인 상태를 유지하다'라는 뜻일 때 뒤에 형용사 보어가 따라온다.

⊃ 워크북 108쪽

Workbook Ⓐ **1** 간단한, 단순한 **2** 질병 **3** 욕실, 화장실 **4** 대략 **5** 습관 **6** 없애다 **7** 기침하다 **8** 아프다 **9** 대부분의 **10** 예방하다 **11** 규칙 **12** 퍼지다 **13** 세균 **14** 따르다 **15** 규칙적인 **16** 유지하다 **17** 코를 풀다 **18** 잊다
Ⓑ **1** a regular habit of washing your hands **2** want to stay healthy **3** Wash your hands regularly. **4** wash them for more than 30 seconds **5** If you follow these rules

● 정답

1 ②   **2** ③   **3** communicate   **4** a. mix b. unique

● 해석

우리는 서로 의사소통할 때 단어들을 사용한다. 우리처럼 개미들도 의사소통한다. 그러나 개미들은 그들의 언어로 단어들을 사용하지 않는다. 그들은 냄새를 사용한다. 우리는 의사소통할 때 문장을 만들기 위해 단어를 섞는다. 그렇다면 개미들은 어떻게 '문장'을 만들까? 그들은 '문장'을 만들기 위해 냄새를 섞는다. 각각의 냄새는 그것만의 의미를 가지고 있다. 몇몇은 음식을 뜻하고 다른 것들은 위험을 뜻한다. 개미들은 더듬이로 냄새를 맡는다. 그들의 더듬이는 코와 같다. 만약 여러분이 개미를 조심스럽게 관찰한다면 여러분은 그들이 그들의 더듬이로 서로를 만지는 것을 볼 수 있다. 또한 각각의 그룹은 독특한 냄새를 가진다. 그래서 개미들은 다른 개미들이 다른 그룹에서 왔는지를 냄새 맡는 것으로 안다.

● 해설

1 이 글은 개미가 냄새를 통해 의사소통하는 방법을 설명한 글이다.
  ① 개미가 냄새를 맡는 방법   ② 개미가 의사소통하는 방법   ③ 개미가 더듬이를 사용하는 이유
  ④ 각 냄새의 의미   ⑤ 각 개미의 독특한 냄새

2 ① 개미들은 단어가 아닌 냄새로 의사소통하고, ② 한 가지 냄새가 아닌 여러 가지 냄새를 사용한다고 했다. ④ '음식'과 '위험'을 뜻하는 냄새가 있다고 했으며, ⑤ 개미들의 더듬이는 '코'와 같은 역할을 한다고 했다.

3 '정보, 아이디어, 그리고 소식을 다른 사람과 교환하다'는 '의사소통하다'라는 의미의 communicate에 대한 설명이다.

4 a. 우유와 계란을 그릇에 넣고 잘 <u>섞으시오</u>.
  b. 나는 이 신발들이 <u>독특하다</u>고 생각한다. 그것들은 양 옆에 깃털이 있다.

● 구문

· **Some** mean food and **others** mean danger.
  → some은 불특정 다수 중에 몇몇을 말하는 것이고 others는 some을 제외한 또 다른 불특정한 다수를 지칭할 때 쓴다.
· **If** you watch ants carefully, you can **see them touch** each other with their antennas.
  → If는 부사절을 이끄는 접속사로 조건(~라면)을 나타낸다. 「see + 목적어 + 목적격보어」 구문에서 지각동사인 see의 목적격보어는 동사원형이나 현재분사가 와서 '~가 …하는 것을 보다'라는 의미이다.

➲ 워크북 109쪽

Workbook   Ⓐ **1** 의사소통하다 **2** 문장 **3** 더듬이, 안테나 **4** 냄새; 냄새를 맡다 **5** 의미 **6** 단어 **7** 언어 **8** 독특한 **9** 서로 **10** 섞다 **11** 조심스럽게, 주의 깊게 **12** 의미하다, 뜻하다
Ⓑ **1** when we communicate with each other **2** how do ants make sentences **3** Some mean food and others mean danger. **4** Ants smell with their antennas. **5** are from another group by smelling

story **A**

소재 애완동물과 비행기 탑승

➲ 본책 50쪽

정답

1 ① **2** ③ **3** 거북이처럼 생긴 햄버거 **4** a. fail b. alone

해석

여러분은 거북이가 한 번은 버거처럼 보이게 만들어졌다는 것을 믿을 수 있는가? 그 일은 실제로 일어났다. 그리고 더욱 놀랍게도 한 남자가 그것을 비행기에 가지고 타려 했다는 것이다. 그는 자신의 애완 거북이를 버거 싸는 종이로 쌌다. 그런 다음, 그는 그의 살아있는 햄버거를 여행 가방에 넣었다. 불행히도, 그의 거북이를 (비행기에) 탑승시켜 데리고 가려는 그의 계획은 실패했다. 짐을 확인하고 있었던 한 공항 직원이 엑스레이 화면에서 이상한 것을 발견했다. 거북이처럼 생긴 햄버거였다! 그 직원이 그 남자에게 그것에 대해 물었을 때, 그는 "내 가방에 거북이는 없어요, 단지 햄버거일 뿐이에요."라고 말했다. 물론, 그 직원은 그를 믿지 않았다. 그 남자는 왜 비행기에 그의 거북이를 데려가려고 했을까? 그는 그의 제일 친한 친구를 혼자 두고 싶지 않았다고 말했다.

해설

1 글의 뒷부분에서 남자가 거북이를 혼자 두고 싶지 않았다는 내용으로 볼 때, 남자는 애완동물을 보호하기 위해서가 아니라, 함께 있고 싶어서 종이로 쌌다는 것을 알 수 있다.

2 his live hamburger에서 live는 '살아있는'이라는 의미의 형용사이다.
① 우리는 물 없이 살 수 없다. ② 우리는 우리의 조부모님과 함께 산다.
③ 우리는 동물원에서 살아있는 뱀을 보았다. ④ 나는 음악 없이 살 수 없다.
⑤ 그녀는 우리 기억 속에 영원히 존재할 것이다.

3 밑줄 친 it은 바로 앞 문장에 언급된 '거북이처럼 생긴 햄버거'로 공항 직원은 그것을 발견하고 그것에 대해 남자에게 물어봤던 것이다.

4 a. 우리는 실패하길 바라지 않아서, 성공하기 위해 열심히 노력했다.
b. 그녀는 혼자 있고 싶어 해서, 우리에게 그녀의 방에서 나가 달라고 말했다.

구문

• Unfortunately, his plan **to carry his turtle aboard** failed.
→ to carry his turtle aboard는 형용사적 용법의 to부정사로 앞의 plan을 수식한다.
• An airport official [**who** was checking baggage] found ~.
→ who는 주격 관계대명사로 주어인 An airport official을 수식한다.
• A hamburger [**which** looked like a turtle]!
→ which는 주격 관계대명사로 A hamburger를 수식한다.

➲ 워크북 110쪽

Workbook **A** 1 거북 2 탑승한 3 살아있는 4 데려가다 5 짐 6 불행히도 7 애완동물 8 물론 9 믿다 10 직원 11 일어나다, 생기다 12 실패하다 13 혼자인 14 포장하다, 싸다 15 화면 16 여행 가방 17 남겨두다 18 놀랍게도
B 1 a turtle was made to look like a burger 2 He wrapped his pet turtle with a burger wrapper. 3 his plan to carry his turtle aboard failed 4 An airport official found something strange 5 There is no turtle in my bag.

소재 동양과 서양의 용

⊃ 본책 52쪽

정답

1 ③　　**2** powerful, evil, kill　　**3** ⑤　　**4** a. advice b. gigantic

해석

이 신비로운 동물은 거대하다. 그것은 코끼리의 몸, 말의 머리와 도마뱀의 꼬리를 가지고 있다. 그것은 용이다. 많은 문화에서 용에 대해 다르게 생각한다. 아시아 나라에서 용들은 신화에서 중요하다. 그들은 현명하며 강력하다. 그들은 조언을 해주고 행운을 가져다준다. 몇몇 사람들은 용들을 신들이나 그들의 왕들의 상징으로 여긴다. 하지만, 서양에서 용들은 강력하고 마법적인 동물이나 그들은 그다지 선하지 않다. 그들은 악한 동물이며 사람들은 그들을 두려워한다. 그들은 불을 내뿜는다. 사람들은 용들을 보호하려고 하지 않는다. 그들은 그것들을 죽이려고 한다.

해설

1 아시아에서는 용을 행운을 가져다주는 신성한 동물로 보고 있으나 서양에서는 악한 동물로 보고 있다는 반대 내용이 이어지므로 빈칸에는 However(그러나)가 적당하다.
　① 그리고　　　② 왜냐하면　　　③ 그러나　　　④ 따라서　　　⑤ 그 결과로

2 아시아에서는 용을 강력한 존재로 여긴다고 했으므로 첫 번째 빈칸에는 powerful이 적절하고, 서양에서는 악한 동물로 여겨 죽이려고 한다고 했으므로 두 번째와 세 번째 빈칸에는 evil과 kill이 각각 들어가는 것이 적절하다.

> 아시아 사람들은 용을 현명하고 <u>강력한</u> 동물로 여긴다. 아시아 사람들과 달리, 서양 사람들은 용을 <u>악한</u> 동물이라고 여겨서 그들은 그것들을 <u>죽이려고</u> 한다.

3 ⓔ는 앞 문장에 나온 용을 좋게 대하지 않는 '사람들'을 가리키고, 나머지는 모두 '용'을 가리킨다.

4 a. 내가 나의 문제를 내 친구들과 공유할 때, 그들은 나에게 그들의 생각을 말해준다. 그들은 나에게 좋은 <u>조언</u>을 해준다.
　b. <u>거대한</u> 개가 우리 집 앞에 있다. 그것은 매우 크고 무섭다.

구문

• Some people **think of** dragons **as** gods ~.
→ 「think of A as B」는 'A를 B로 여기다'라는 뜻이다.

⊃ 워크북 111쪽

Workbook

Ⓐ **1** 용 **2** 꼬리 **3** 서양의 **4** 행운 **5** 신화 **6** 악한 **7** 신비로운 **8** 두려워하다 **9** 강력한 **10** 조언 **11** 보호하다 **12** 상징 **13** 숨을 내쉬다, 내뿜다 **14** 거대한 **15** 가져다주다 **16** 문화 **17** 마력이 있는 **18** 도마뱀

Ⓑ **1** think of dragons in different ways　**2** give advice and bring good luck　**3** Some people think of dragons as gods　**4** evil animals and people fear them　**5** don't try to protect dragons story A **소재** 모차르트 음악이 학습에 미치는 효과   ⊃ 본책 54쪽

정답

1 (A): first   (B): second   2 ④   3 ②   4 a. experiment b. pregnant

해석

여러분은 음악 듣는 것을 좋아하는가? 그러면 모차르트 음악은 어떤가? 어떤 과학자들은 학습에 대한 모차르트 음악의 효과를 연구했다. 3살 이하의 아이들이 그의 음악을 들었을 때, 그들의 뇌가 더 빨리 성장했다. 또 다른 과학자 Rauscher는 쥐를 가지고 실험했다. 첫 번째 그룹은 몇 달 동안 모차르트의 소나타를 들었고, 두 번째 그룹은 그렇게 하지 않았다. 그런 후, 그는 그 쥐들을 미로에 넣었다. 여러분은 그 결과를 예측할 수 있는가? 놀랍게도, 첫 번째 그룹은 두 번째 그룹보다 그 미로를 더 빨리 빠져나왔다. 비록 몇몇의 사람들은 그 효과에 대해 의문을 품지만, 많은 임산부들은 여전히 모차르트 음악을 듣고 많은 선생님들은 학생들에게 그것을 틀어준다.

해설

1 임산부들이 여전히 모차르트 음악을 듣고 많은 선생님들이 학생들에게 모차르트 음악을 틀어준다는 결론으로 미루어 볼 때, 모차르트 음악이 효과가 있었음을 짐작할 수 있다. 따라서 모차르트 소나타를 들은 첫 번째 그룹이 두 번째 그룹보다 더 빨리 미로를 탈출했을 것이다.

2 이 글은 학생들이나 쥐에게 실험한 결과 모차르트 음악이 효과가 있었다는 내용이므로 ④가 제목으로 가장 적절하다.
   ① 음악과 뇌의 성장   ② 음악의 중요성
   ③ 음악의 아버지, 모차르트   ④ 모차르트 음악의 효과
   ⑤ 학생들에게 음악을 틀어줘야 하는 이유

3 지문 속 문장에서 question은 '의심하다, 의문을 갖다'라는 의미의 동사로 사용되었다.
   ① 질문 있나요?   ② 나는 그녀의 판단을 절대 의심하지 않는다.
   ③ 그 문제는 시험에 나오지 않았다.   ④ 그녀는 그 문제에 대해 깊게 생각했다.
   ⑤ 너는 이 문제에 대한 답을 아니?

4 a. 과학자들은 자주 생쥐나 토끼 같은 동물로 실험한다.
   b. 그의 아내는 임신했다. 그들은 내년에 부모가 될 것이다.

구문

• Surprisingly, the first group **got out of** the maze **more quickly than** the second group.
   → get out of는 '(~에서) 빠져나가다'의 의미이다. 「비교급＋than」은 '~보다 더 …한'이라는 의미이다.

⊃ 워크북 112쪽

Workbook   Ⓐ 1 성장하다, 발달하다 2 ~을 듣다 3 효과 4 의문을 품다 5 결과 6 쥐 7 실험하다 8 빨리 9 학습 10 임신한 11 추측하다 12 뇌 13 성장 14 중요성
Ⓑ 1 the effects of Mozart's music on learning 2 listened to his music, their brains developed faster 3 He put them in a maze. 4 more quickly than the second group 5 Although some people question the effect

• 정답

1 ② **2** ③ **3** by accident, chocolate cookies, failed, chocolate chip cookies, mistake
4 a. regular b. mistakes

• 해석

만약 여러분이 초콜릿 칩 쿠키를 좋아한다면, 여러분은 Ruth Wakefield에게 그녀의 부엌에서의 행운의 실수에 대해 감사해야 한다. 어느 날, 그녀는 평범한 초콜릿 쿠키를 만들고 싶었는데, 초콜릿 가루가 없었다. 그녀가 이 문제에 대해 생각하고 있을 때, 그녀는 우연히 달콤한 초콜릿 바를 발견했다. 그녀는 생각했다. "만약 이 초콜릿 바를 조각내면, 구워지고 있는 뜨거운 오븐 속에서 녹아 반죽의 도처에 퍼지겠지. 그러면 그것은 초콜릿 쿠키가 될 거야." 그녀가 오븐에서 쿠키를 꺼냈을 때, 그녀는 뭔가 다른 것을 보았다. 그 초콜릿은 단지 약간만 녹았고, 여전히 조각 상태로 있었다. 이것이 초콜릿 칩 쿠키의 탄생이었다. 세계인이 가장 좋아하는 간식인 초콜릿 칩 쿠키는 사실상 Wakefield 씨의 실수였다.

• 해설

1 주어진 문장의 this problem은 ⓑ 앞 문장의 '초콜릿 쿠키를 만들고 싶었는데 초콜릿 가루가 없었다는 것'이고, ⓑ 뒷문장의 this chocolate bar는 주어진 문장의 우연히 발견한 그 초콜릿 바이므로, 주어진 문장은 ⓑ에 들어가는 것이 가장 적절하다.

2 초콜릿 칩 쿠키가 탄생한 배경은 바로 Wakefield 씨의 행운의 실수라는 것이 첫 문장에 언급되어 있듯이, 빈칸에는 ③ '실수'가 들어가는 것이 적절하다.
① 반죽   ② 간식   ③ 실수   ④ 이야기   ⑤ 쿠키

3 주어진 어구들의 품사와 의미에 유의하여 일기 형식의 요약문을 완성한다.

> 8월 14일, 화요일
> 오늘 난 최초의 초콜릿 칩 쿠키에 대해 배웠다. 그것은 아주 흥미로웠다. Wakefield 씨는 우연히 초콜릿 칩 쿠키를 만들었다. 그녀는 초콜릿 바를 사용해서 평범한 초콜릿 쿠키를 굽기를 기대했으나, 실패했다. 그녀는 실제로 다른 형태의 쿠키인 초콜릿 칩 쿠키를 만들었다. 그녀의 실수는 놀라운 성공이었다.

4 a. 엄마, 제 친구들 모두 저처럼 컴퓨터 게임을 좋아해요. 전 정상이라고요. 저는 보통의 13살 소년이에요.
　 b. 실수를 하는 것을 두려워하지 마라. 우리는 그것에서 배운다.

• 구문

• When she took the cookies out of the oven, she saw **something different**.
→ something을 수식하는 형용사는 뒤에 놓인다.

⟳ 워크북 113쪽

Workbook　**Ⓐ 1** 퍼지다 **2** 실수 **3** 가루 **4** 우연히 **5** 약간 **6** (과거의) 어느 날 **7** 오븐 **8** 탄생 **9** 보통의, 평범한 **10** 녹다 **11** 행운의 **12** (밀가루) 반죽 **13** 놀라운 **14** 기대하다
Ⓑ 1 you should thank Ruth Wakefield for her lucky mistake **2** If I break this chocolate bar into small pieces **3** When she took the cookies out of the oven **4** and was still in pieces **5** was the birth of chocolate chip cookies

story **A**   •소재 황제펭귄   ⊃ 본책 58쪽

•정답

1 ③   **2** ②   **3** The male penguin holds the egg on his feet and keeps it warm.   **4** a. nests
b. freezes

•해석

대부분의 새들은 그들의 새끼 새들을 위해 둥지를 짓지만 황제펭귄은 그렇지 않다. 그들은 그들의 발을 둥지로 사용한다. 암컷 황제펭귄은 바다로 가서 먹이를 찾는다. 그 시간 동안 수컷 황제펭귄은 알을 돌본다. 수컷 펭귄은 알을 자신의 발 위에 놓고 그것을 따뜻하게 유지한다. 알들은 얼음에 닿아서는 안 되는데, 안에 있는 새끼가 얼어서 죽을 수 있기 때문이다. 6월은 남극의 겨울이다. 그곳의 바람은 매우 춥다. 수컷 펭귄들은 큰 무리를 지어 나란히 있으며 서로를 따뜻하게 유지한다. 그들은 4개월 동안 이렇게 서 있다. 그런 뒤 새끼 펭귄들이 나온다.

•해설

1 뒷부분에서 발에 알들을 올려놓고 따뜻하게 유지하며 새끼들을 돌보는 모습으로 보아 황제펭귄은 그들의 발을 '둥지'로 사용한다는 것을 알 수 있다.
① 캐리어   ② 도구   ③ 둥지   ④ 냉동고   ⑤ 집

2 주어진 문장의 During that time은 암컷 황제펭귄이 바다로 가서 먹이를 찾는 시간이므로, 주어진 문장은 암컷이 바다로 가서 먹이를 찾는 문장 다음인 ⓑ에 들어가는 것이 가장 적절하다.

3 알들이 얼음에 닿으면 안에 있는 새끼가 얼어 죽을 수 있기 때문에 수컷 황제펭귄이 알을 발 위에 올려놓고 따뜻하게 유지하는 것이다.

4 a. 엄마 새들은 나뭇가지들을 가지고 둥지들을 만든다. 그것들은 그들의 집이다.
b. 물은 냉동고 안에서 얼음이 된다. 냉동고는 물을 얼린다.

•구문

• The male penguin holds the egg on his feet and **keeps it warm**.
→ 「keep + 목적어 + 목적격보어」는 '~을 …하게 유지하다[지키다]'라는 의미이며 목적격보어로 형용사가 온다.
• Eggs **should not** touch the ice ~.
→ should not은 '~해서는 안 된다'라는 금지를 나타낸다.

⊃ 워크북 114쪽

Workbook **A** **1** 암컷 **2** 짓다 **3** 안쪽의 **4** 나란히 **5** 유지하다 **6** ~을 돌보다 **7** 남극 **8** 서 있다 **9** ~을 찾다
10 매우 추운 **11** 얼다 **12** 둥지 **13** 나오다 **14** 수컷
B **1** goes away to sea and looks for food   **2** holds the egg on his feet and keeps it warm
3 Eggs should not touch the ice   **4** stay side by side and keep each other warm
5 stand like this for four months

정답

1 ④　　2 time, sun, sand, water, candles　　3 ③　　4 a. shadow b. flow

해석

요즘 우리는 시간을 말할 때, 시계와 손목시계를 이용한다. 그러나 과거에 사람들은 무엇을 이용했을까? 처음에, 그들은 해를 이용했다. 사람들은 해시계를 만들었다. 해가 바늘 위에서 비출 때, 그것은 그림자를 만들었다. 사람들은 그림자를 보고 시간을 알았다. 사람들은 모래도 이용했다. 그들은 모래시계를 만들어서 그것을 모래로 채웠다. 모든 모래가 떨어지는 데 약 한 시간이 걸렸다. 그들은 물시계도 만들었다. 물이 조그만 구멍을 통해 단지 안으로 흘러들어왔다. 물의 양이 사람들에게 시간을 알려주었다. 어떤 사람들은 양초를 사용했다. 시간이 지남에 따라 양초가 타서 더 작아지게 되었다.

해설

1 물이 단지 안으로 흘렀고 흘러들어온 물의 총 양으로 시간을 알았다는 흐름이 자연스러우므로, 주어진 문장은 '물이 단지 안으로 흘러들어왔다'는 내용 뒤인 ⓓ에 오는 것이 적절하다.

2 글의 내용상 첫 번째 빈칸에는 time이, 이어지는 빈칸들에는 시간을 말할 때 사용했던 것들인 sun, sand, water, candles가 차례로 들어가는 것이 적절하다.

> 과거에 사람들은 <u>시간</u>을 말할 때 다양한 물건을 사용했다. 그들은 <u>해</u>, <u>모래</u>, <u>물</u>, <u>양초</u>를 이용했다.

3 모래시계는 한 시간 후에 모래가 다 떨어지는 것을 통해 시간을 알 수 있도록 만들어졌으므로 ③이 글의 내용과 일치하지 않는다.

4 a. 그 어린 소년은 하루 종일 그의 엄마를 <u>그림자</u>처럼 따라다녔다.
　 b. 강은 천천히 그리고 끊임없이 바다로 <u>흐른다</u>.

구문

• They made an hourglass and **filled** it **with** sand.
　→ 「fill A with B」는 'A를 B로 채우다'라는 뜻이다.
• The candles burned and got smaller **as** time went by.
　→ 접속사 as는 '~함에 따라'라는 의미로 쓰였다.

⟜ 워크북 115쪽

Workbook

Ⓐ 1 그림자　2 떨어지다　3 모래시계　4 처음에　5 바늘　6 구멍　7 (시간이) 흐르다, 지나다　8 요즘, 최근　9 타다　10 (해가) 비치다　11 모래　12 흐르다　13 채우다　14 단지　15 양초　16 과거
Ⓑ 1 When the sun shone on the pointer　2 looked at the shadow and knew the time　3 an hourglass and filled it with sand　4 about an hour for all of the sand to fall through　5 flowed through a small hole into jars

Day **15**

story Ⓐ ·**소재** Elizabeth 1세 때의 탐험가들 ⊃ 본책 62쪽

·정답

1 gold   **2** ①   **3** ④   **4** a. journey[voyage] b. complained

·해석

Elizabeth 1세 통치 기간 동안에 탐험가들은 대양을 건너 긴 항해를 했다. 가장 유명한 탐험가 중의 한 사람은 Francis Drake 경이었다. 1577년에 그는 그의 배로 출발했다. 그의 여정은 3년이 걸렸다. Drake는 풍부한 금 화물을 가지고 영국으로 돌아왔다. 그는 남아메리카에서 스페인 배와 정착지에서 이것을 훔쳤다. 스페인 사람들은 Drake는 해적이라고 불평했다. 하지만 Elizabeth 여왕은 Drake가 그녀에게 많은 금을 주었기 때문에 개의치 않았다. Humphrey Gilbert 경은 또 다른 탐험가였다. 그는 북아메리카에 최초의 영국인 정착지를 세울 계획이었다. 1583년에 그는 뉴펀들랜드에 상륙했다. 하지만 그는 그곳에 정착지를 만들 정도로 충분히 오래 머물지는 못했다. 고국으로 돌아오는 항해에서 그의 배가 가라앉았고 그는 익사했다.

·해설

1 Drake가 항해를 한 후 갖고 돌아온 것이 많은 금이므로, 여왕에게 바친 것도 금일 것이다.

2 ② Drake는 1577년에 항해를 시작했고, ③ 스페인 배와 남아메리카 정착민의 금을 빼앗았기 때문에 해적으로 여겨졌다. ④ Elizabeth 여왕에게 금을 바친 것은 Drake이고, ⑤ Gilbert는 북아메리카에 정착지를 만들 정도로 오래 머물지는 못했다.

3 문맥상 mind는 '개의하다, 상관하다'라는 의미의 동사로 사용되었다.
 ① 너 지금 무슨 생각하니? ② 그녀는 인간의 마음을 연구한다.
 ③ 그는 사람들의 마음을 읽을 수 있다. ④ 창문 여는 것이 상관있나요? (창문을 열어도 될까요?)
 ⑤ 온갖 생각이 마음에 떠올랐다.

4 a. 나의 삼촌은 전국을 여행하는 것을 좋아한다. 작년에 그는 세 달 동안 여행을 했다.
 b. "이 방은 너무 추워요."라고 엄마는 호텔 지배인에게 불평했다.

·구문

• **One of the most famous explorers was** Sir Francis Drake.
 → 「one of the+복수명사」 구문은 '~ 중의 하나'라는 뜻이며, 주어가 One이므로 단수동사 was가 온다.
• But he could not stay there **long enough to make** a settlement.
 → 「형용사+enough+to부정사」 구문은 '~할 정도로 충분히 …한'이라는 뜻이다.

⊃ 워크북 116쪽

Workbook Ⓐ **1** 출발하다 **2** 탐험가 **3** 돌아오다 **4** 훔치다 **5** 착륙하다, 상륙하다 **6** 개의하다, 상관하다 **7** 불평하다 **8** 항해 **9** 가라앉다 **10** ~을 가로질러 **11** 익사하다, 물에 빠지다 **12** 여행, 여정 **13** 머물다 **14** 정착지, 정착 **15** 세우다 **16** 해적 **17** 화물 **18** 대양

Ⓑ **1** One of the most famous explorers was **2** with a rich cargo of gold **3** complained that Drake was a pirate **4** He planned to set up the first English settlement **5** long enough to make a settlement

소재 문어의 생존 전략　　　　　　　　　　　　　　　　　　　　　　　　　　　⊃ 본책 64쪽

정답

1 ③　　**2** cannot see or smell anything　　**3** ⑤　　**4** a. enemy b. sharp

해석

문어는 그것의 적으로부터 피하는 다양한 방법을 가지고 있다. 첫째, 그것은 잘 숨을 수 있다. 문어는 그것의 피부색을 바꿀 수 있다. 그래서 그것의 몸은 바위와 모래처럼 보인다. 둘째, 문어는 적에게 먹물을 쏜다. 그러면 그것의 적들은 어떤 것도 보거나 냄새를 맡을 수 없다. 마지막으로, 그것은 싸울 때 그것의 8개의 팔과 부리를 사용한다. 그것은 그것의 적들을 세게 잡고 강한 부리로 그들을 문다. 그것의 부리는 앵무새의 것처럼 딱딱하고 날카롭다. 그것은 심지어 조개껍데기에도 구멍을 낼 수 있다.

해설

1 ① 먹물을 쏘는 것, ②④ 피부색을 바꿔 바위와 모래처럼 보이는 것, ⑤ 적을 세게 잡고 무는 것은 언급되었으나, ③ 다리를 자르고 도망을 가는 것은 언급되지 않았다.

2 Second, an octopus shoots black ink ~ 다음에 이어지는 문장을 통해 먹물을 쏜 후 적에게 무슨 일이 일어나는지 알 수 있다.

> 질문: 문어가 그것의 적에게 먹물을 쏘면 무슨 일이 일어나는가?
> 대답: 그들은 어떤 것을 보거나 냄새를 맡을 수 없다.

3 ⓐ~ⓓ는 octopus를 가리키지만 ⓔ는 앞 문장에 나온 Its beak를 가리킨다.

4 a. 적은 여러분을 좋아하지 않고 해치기를 원한다.
　 b. 조심해. 칼이 날카로워.

구문

• An octopus has many ways of **escaping from** its enemies.
　→ escape from은 '~로부터 도망치다'라는 의미이다.
• Then, its enemies **cannot** see or smell **anything**.
　→ 「not ~ anything」은 nothing으로 쓸 수 있다. (= Then, its enemies can see or smell nothing.)

⊃ 워크북 117쪽

Workbook　Ⓐ **1** 문어　**2** 부리　**3** 날카로운　**4** 쏘다　**5** 앵무새　**6** 팔　**7** 딱딱한　**8** 잡다, 쥐다　**9** 숨다　**10** 천적　**11** 물다　**12** 조개껍데기　**13** 도망치다, 피하다　**14** 구멍　**15** 마지막으로　**16** 싸우다　**17** 세게　**18** 피부
　　　　　　Ⓑ **1** of escaping from its enemies　**2** is able to change the color of its skin　**3** cannot see or smell anything　**4** and bites them with its strong beak　**5** make a hole in a shell

story Ⓐ **◀소재** 껌의 역사 　　　　　　　　　　　　　　　　　　　　　　　　　　 ◑ 본책 66쪽

◀정답

1 ⑤　　2 ⑤　　3 History, Chewing　　4 a. flavors　b. sugar

◀해석

껌은 의자와 책상과 같은 모든 것에 달라붙는다. 그러나 대부분의 사람들은 그것을 좋아한다. Thomas Adams 가 1869년에 처음 껌을 만들었다. 그는 천연 나무진을 끓이고 거기다 맛을 첨가했다. 그 후 1880년대에, Fleer 형제가 껌을 정육면체 스타일로 만들었다. 그 껌은 겉에 설탕 성분이 있었다. 이것은 설탕 껌을 인기 있게 했다. 그러나 그것은 치아에 좋지 않았다. 그리고 나서 1960년대에 껌 회사들은 무설탕 껌을 소개했다. 오늘날 많은 종류의 무설탕 껌이 있다. 그리고 또한 딸기부터 바닐라, 콜라까지 많은 맛이 있다.

◀해설

1 (A)는 주어가 Chewing gum으로 단수이므로 단수동사인 sticks가 와야 한다. (B)는 1880년대에 정육면체 스타일 껌의 겉에 설탕 성분이 있었다는 과거 시점의 내용이므로 과거형 had가 와야 한다. (C)는 주어인 many flavors가 복수이므로 동사는 복수형 are가 와야 한다.

2 ① 껌은 Thomas Adams가 처음 만들었고, ② Thomas Adams는 껌에 맛을 첨가했다. ③ 정육면체 스타일의 껌이 나온 것은 1880년대이며, ④ 설탕을 바른 껌은 인기가 많았다.

3 글의 중심 내용은 '껌의 역사'이다.

4 a. 이 사탕은 딸기와 수박 맛이 난다. 그것은 두 가지 맛을 가지고 있다.
　 b. 이 커피는 너무 달다. 너는 그 안에 설탕을 너무 많이 넣었다.

◀구문

· Then, **in the 1960s**, ~.
　→ '~년대'를 나타낼 때는 「in the + 년도-s」로 표현한다.
· ~ **from** strawberry **to** vanilla **to** cola.
　→ 「from A to B to C」는 'A부터 B, C까지'라는 뜻이다.

　　　　　　　　　　　　　　　　　　　　　　　　　　　　　　　　　 ◑ 워크북 118쪽

Workbook　　Ⓐ 1 추가하다, 첨가하다　2 무설탕의　3 껌　4 정육면체　5 회사　6 끓이다　7 설탕이 든　8 맛　9 도입하다　10 인기 있는　11 ~에 달라붙다　12 딸기　13 바깥쪽　14 천연의
　　　　　　Ⓑ 1 natural tree gum and then added flavors　2 made gum in cube style　3 The gum had sugar on the outside.　4 In the 1960s, chewing gum companies introduced　5 there are many kinds of sugar-free chewing gum

소재 병에 빠진 개구리 형제

⊃ 본책 68쪽

정답

1 ③　**2** ③　**3** 포기하지 말고 끝까지 노력하라.　**4** a. Cheese　b. swim

해석

옛날에 두 마리 형제 개구리가 있었다. 어느 날, 그들은 우연히 우유가 든 병으로 뛰어들었다. 그들은 밖으로 나올 수 없었다. 그들은 그저 주위를 수영할 뿐이었다. 형 개구리가, "우리는 나갈 수 없어. 우리는 결국 익사하게 될 거야."라고 말했다. 동생 개구리가 대답했다. "계속해서 수영해. 곧 누군가가 우리를 꺼내 줄 거야." 몇 시간이 지났다. 형 개구리가 "나는 여기서 멈출 거야."라고 말했다. 그는 수영하기를 멈추고 우유 속에서 익사했다. 그러나 동생은 수영하는 것을 멈추지 않았다. 몇 분이 지난 후에, 그는 발밑에 딱딱한 것을 느꼈다. 우유가 치즈로 변했고, 마침내 그는 병 밖으로 나올 수 있었다.

해설

1 수영을 포기하지 않은 것은 동생 개구리이므로 주어진 문장의 'He'는 형 개구리라는 것을 알 수 있다. 그러므로 수영하기를 멈출 거라는 형 개구리의 말 바로 다음에 오는 것이 적절하다.

2 우유가 치즈로 변해 딱딱해졌기 때문에 수영을 멈추고 병 밖으로 나올 수 있는 상황이 되었다. 따라서 빈칸에는 병 밖으로 나올 수 있었다는 ③의 내용이 가장 적절하다.
① 그는 계속 수영하였다　　　　　　② 그는 병 안에 머물렀다
③ 그는 병 밖으로 나올 수 있었다　　④ 그는 그의 형처럼 익사하였다
⑤ 그는 다시 병 안으로 뛰어들었다

3 낙담하고 수영을 멈췄던 형 개구리는 익사한 반면, 끝까지 수영을 포기하지 않은 동생 개구리는 결국 살아서 병 밖으로 나가게 되었다. 그러므로 교훈은 '포기하지 말고 끝까지 노력하라.'이다.

4 a. 치즈는 고체 유제품이다. 우리는 우유로 그것을 만든다. 그것은 주로 하얀색 또는 노란색이다.
　 b. 사람들이 수영할 때는, 그들의 팔과 다리로 물을 헤치며 나아간다.

구문

• One day, they jumped into **a jar of milk** by accident.
→ milk는 물질명사이므로 셀 수 있는 용기 a jar of를 사용하여 수량을 표현하였다.
• A few minutes later, he felt **something solid** under his feet.
→ something, anything 등의 대명사는 형용사가 뒤에서 수식한다.

⊃ 워크북 119쪽

Workbook　Ⓐ **1** 우연히　**2** 익사하다　**3** 지나다　**4** 결국에　**5** 병, 항아리, 단지　**6** 단단한　**7** 누군가　**8** 개구리
9 결국　**10** (~에서) 나오다　**11** 치즈　**12** 대답하다　**13** ~으로 변하다　**14** 수영하다
Ⓑ **1** they jumped into a jar of milk by accident　**2** will drown in the end　**3** swimming and
drowned in the milk　**4** something solid under his feet　**5** The milk turned into cheese.

story **A** • **소재** 소금의 과학적 원리 ⟲ 본책 70쪽

• **정답**

1 ② **2** salt lowers the freezing point of water **3** freeze **4** a. salt b. prepare

• **해석**

소금은 다양한 쓰임이 있다. 소금은 재미있는 것들을 할 수 있다. (B) 두 개의 컵을 준비하고 그것들을 같은 양의 따뜻한 물로 채워라. (A) 한 컵에 소금 1/3컵을 첨가하라. (D) 소금이 녹은 후에, 두 컵을 냉동실에 넣어라. (C) 마지막으로, 그것들을 매 두 시간 또는 세 시간마다 확인해 보라. 무슨 일이 일어나는가? 순수한 물은 얼음처럼 얼지만 소금물은 전혀 얼지 않을 것이다. 그것은 소금이 물의 어는점을 낮추기 때문이다.

• **해설**

1 두 개의 컵에 물을 채우고(B) 한 컵에만 소금을 넣은 후(A) 냉동실에 넣고(D) 확인하는(C) 순서로 전개되어야 자연스럽다.

2 소금이 물의 어는점을 낮추기 때문에 얼지 않는다고 설명하고 있다.

> 질문: 소금물은 왜 얼지 않는가?
> 대답: 왜냐하면 소금이 물의 어는점을 낮추기 때문이다.

3 '극심한 추위의 결과 딱딱해지고 종종 얼음으로 변하다'는 의미를 가진 단어는 'freeze(얼다)'이다.

4 a. 이 수프는 맛이 없다. 나에게 소금을 좀 건네주겠니?
   b. 만약 네가 팬케이크를 만들기 원한다면, 달걀, 우유 그리고 팬케이크 가루를 준비할 필요가 있다.

• **구문**

• ~ add **one-third** cup of salt.
   → one-third(3분의 1)와 같이 분수를 나타낼 때는 「기수–서수」의 순서대로 써서 나타낸다. 단, 기수가 2 이상 이면 서수에 '-s'를 첨가한다. *ex.* two thirds of a cup
• ~ but the salty water wo**n't** freeze **at all**.
   → not ~ at all은 '전혀 ~이 아니다'라는 의미이다.

⟲ 워크북 120쪽

Workbook **A** 1 준비하다 2 낮추다 3 소금 4 냉동고 5 양 6 전혀 7 추가하다, 첨가하다 8 (액체에) 녹다 9 소금의, 짠 10 채우다 11 둘 다 12 매 ~, ~마다
B 1 Salt has many uses. 2 add one-third cup of salt 3 put both cups into the freezer 4 but the salty water won't freeze at all 5 salt lowers the freezing point of water

⊃ 본책 72쪽

 정답

1 ④　　**2** ④　　**3** females, males, hunt, males, family　　**4** a. females b. teamwork

 해석

사자는 가족생활을 하는 동물이고 매우 사회적인 동물이다. 그들은 15마리 또는 그 이상의 무리로 생활을 한다. 그들은 함께 사냥을 하고, 새끼를 기르고, 집을 지킨다. 각 무리에는 단지 한 마리 또는 두 마리의 수컷이 있고 많은 암컷들이 있다. 보통 무리 내의 모든 암컷들은 엄마, 딸, 할머니, 그리고 자매들이다. 암컷들이 함께 대부분의 사냥을 하고 새끼 사자들을 기른다. 그들이 사냥을 할 때, 그들은 두세 마리의 무리로 움직인다. 그들은 팀워크를 사용하여 서로 돕는다. 그렇다면, 수컷들은 무리 내에서 무엇을 할까? 그들은 적의 공격으로부터 그들의 영토를 보호하고 가족을 안전하게 지킨다.

 해설

1 사자들은 무리를 지어 생활을 하는데 무리 내에서 체계적으로 역할을 나누고 협력하며 생활한다는 내용의 글이므로 빈칸에는 social(무리를 이루어 생활하는, 사회적인)이 적절하다.
　① 수줍어하는　　② 느린　　③ 작은　　④ 사회적인　　⑤ 스트레스를 받는

2 본문의 밑줄 친 raise는 '기르다'의 의미로 쓰였다.
　① Mike는 자선기금을 위해 돈을 모금할 것이다.　　② 질문이 있으면 손을 드세요.
　③ 우리는 아픈 아이들을 위해 자금을 모아야 한다.　　④ 그녀는 혼자서 다섯 명의 아이를 길러야 했다.
　⑤ 사람들은 국경일에 국기를 올린다.

3 암컷들이 수컷들보다 많고, 암컷들은 사냥을 하고 수컷들이 가족을 보호한다는 내용이 되어야 한다.

> 사자들은 보통 무리를 지어 생활한다. 무리에는 암컷들이 수컷들보다 더 많다. 암컷들은 무리를 지어 식량을 위해 사냥하고, 수컷들은 적으로부터 그들의 영토와 가족을 보호한다.

4 a. Bulls(황소)는 수소들이다. Cows(젖소)는 암소들이다. 그들의 새끼들은 calves(송아지)이다.
　b. 모든 멤버들이 함께 열심히 일했다. 우리의 팀워크 덕분에, 우린 성공적으로 그 일을 끝낼 수 있었다.

 구문

• They protect their land and **keep their family safe** from ~.
　→ 「keep + 목적어 + 목적격보어」는 '~을 …하게 지키다'라는 뜻이며, 목적격보어로 형용사를 취한다.

⊃ 워크북 121쪽

Workbook

Ⓐ **1** 보호하다 **2** 서로서로 **3** 공격 **4** 사냥하다 **5** 수줍어하는 **6** 암컷 **7** 팀워크 **8** 안전한 **9** 적 **10** 영역, 영토 **11** 사회적인, 무리 생활을 하는 **12** 무리를 지어 **13** 스트레스를 받는 **14** 기르다
Ⓑ **1** Each group has only one or two males **2** Females do most of the hunting **3** use teamwork and help each other **4** move in groups of two or three **5** keep their family safe from enemy attack

story **A** 🔹소재 비누의 역사   ➲ 본책 74쪽

🔹정답

1 ④   **2** luxury   **3** soap   **4** a. common b. regularly

🔹해석

여러분은 비누가 없이 사는 것을 상상할 수 있는가? 우리는 항상 깨끗해지고 싶어 한다. 그리고 오늘날 비누는 모든 곳에서 구할 수 있다. 하지만 오래전, 사람들에게는 비누가 없었다. 그들은 개울이나 강의 물로 그냥 씻어내기만 했다. 물은 먼지만을 씻어냈다. 그렇다면 누가 최초로 비누를 만들었을까? 이집트인들이 최초로 동물과 채소 기름으로부터 비누를 만들었다. 그들은 규칙적으로 목욕했고 비누로 씻었다. 하지만 그 당시 비누는 사치품이었다. 대부분의 사람들은 그것을 살 여유가 없었다. 마침내 19세기에, 비누는 모든 사람들 사이에서 일상품이 되었다.

🔹해설

1 They bathed regularly ~.라는 문장을 통해 이집트인들이 규칙적으로 목욕을 했다는 것을 알 수 있으므로 ④가 글의 내용과 일치하지 않는다.

2 오래전 사람들은 비누가 사치품이었기 때문에 대부분 살 수 없었다.

> 오래 전에 비누는 <u>사치품</u>이었기 때문에 대부분의 사람들은 그것을 살 여유가 없었다.

3 대부분의 사람들이 살 여유가 없는 것은 사치품인데, 앞 문장에서 비누가 사치품이라고 이야기하고 있으므로 밑줄 친 it이 가리키는 것은 비누(soap)이다.

4 a. 미국에서는 많은 사람들이 Jack이라는 이름을 가진다. Jack은 <u>흔한</u> 영어 이름이다.
  b. Peter는 매일 같은 시간에 운동한다. 그는 <u>규칙적으로</u> 운동하는 것을 좋아한다.

🔹구문

• **However**, a long time ago, people did not have soap.
  → However는 '그렇지만'의 뜻을 갖는 연결어로 앞에 나온 내용과 대조적인 내용을 뒤에 쓰려고 할 때 사용한다. 오늘날 비누는 모든 곳에 있다는 내용과 오래전 사람들에게는 비누가 없었다는 내용이 서로 상반되므로 두 문장 사이에 However를 사용했다.
• ~ soap became a common item **among** all people.
  → among은 '~ 중에, ~ 사이에'의 뜻으로 뒤에 복수명사가 온다.

➲ 워크북 122쪽

Workbook **A** **1** 목욕하다 **2** 깨끗한; 씻다 **3** 일상적인, 흔한 **4** 당시에 **5** 상상하다 **6** 규칙적으로, 정기적으로 **7** 세기 **8** 개울 **9** 사치 **10** 사용할 수 있는 **11** 먼지 **12** (~을 살) 여유가 되다 **13** 비누 **14** 씻어내다 **15** ~ 중에, ~ 사이에 **16** 그렇지만
B **1** We always want to be clean. **2** people did not have soap **3** and cleaned with soap **4** could not afford it **5** a common item among all people

● 정답

1 ① **2** ④ **3** the sudden changes in the volume or melody **4** a. feathers b. volume

● 해석

닭살은 우리가 추위를 느끼거나 공포, 놀람, 또는 심지어 기쁨을 경험할 때마다 피부에서 올라오는 작은 튀어나온 부분들이다. 닭살이 돋는 것은 자동적인 반응이다. 작게 튀어나온 부분들은 goose bumps(닭살)라는 이름이 주어졌는데, 피부가 깃털이 뽑힌 후의 거위 피부처럼 생겼기 때문이다. 그러나 새의 대부분 종들은 우리와 같은 털이 없어서 그들은 닭살이 돋지 않는다. 때때로 여러분이 좋은 음악을 들을 때 닭살이 돋을 수 있다. 이론 중 하나는 소리의 크기나 멜로디의 갑작스러운 변화는 우리의 뇌가 잠시 동안 두려움을 느끼게 만든다는 것이다. 그 결과, 우리가 그것들에 적응할 때까지 닭살이 돋는다.

● 해설

1 첫 번째 문장에 우리가 추위를 느낄 때 닭살이 돋을 수 있다고 언급되어 있다.
　① 온도의 변화는 닭살이 돋게 할 수 있다.　② 여러분은 닭살 돋는 것을 통제할 수 있다.
　③ 우리의 피부는 일반적으로 거위의 피부처럼 생겼다.　④ 새들의 많은 종은 우리처럼 닭살이 돋는다.
　⑤ 우리가 닭살을 볼 때, 우리는 닭살이 돋는다.

2 빈칸 앞부분에서는 깃털이 뽑힌 후의 거위 피부처럼 보이기 때문에 goose bumps라는 이름이 주어졌다고 했다. 빈칸 뒷부분에서는 새들 대부분은 우리와 같은 털이 없어 닭살이 돋지 않는다는 내용이 이어지므로 빈칸에는 '그러나(However)'가 적절하다.
　① 또한　② 마침내　③ 예를 들어　④ 그러나　⑤ 그 결과

3 지시대명사 them은 앞 문장에서 언급된 '소리의 크기나 멜로디의 갑작스런 변화'를 가리킨다. 그 변화에 적응할 때까지 우리의 뇌는 놀라서 닭살이 돋을 수 있다고 설명한 문장이다.

4 a. 베개는 거위 깃털로 채워져 있다.
　b. 소리 좀 줄여주실 수 있나요? 음악이 너무 시끄러워요.

● 구문

• The little bumps **were given** the name goose bumps because the skin **looks like** the skin of a goose after its feathers **are plucked**.
　→ were given과 are plucked는 「be동사+과거분사」의 수동태 구문이며 각각 '이름이 주어졌다'와 '털이 뽑히다'는 뜻을 나타낸다. look like는 '~처럼 보이다'의 뜻이다.

○ 워크북 123쪽

Workbook **A** **1** 자동적인 **2** 거위 **3** 경험하다 **4** 이론 **5** 결과적으로 **6** 튀어나온 부분 **7** 종(種) **8** 소리, 볼륨 **9** ~할 때마다 **10** 갑작스러운 **11** 기쁨 **12** 반응 **13** 피부 **14** ~에 익숙해지다 **15** 갑자기 튀어나오다, 올라오다 **16** 두려워하는
B **1** Goose bumps are little bumps on the skin **2** were given the name goose bumps
3 most species of birds do not have hair like us **4** when you listen to good music
5 One of the theories is that the sudden changes in the volume

story Ⓐ

•소재 겨울 스포츠 컬링(curling)　　　　　　　　　　　　　　⊃ 본책 78쪽

•정답

1 ②　　**2** ④　　**3** score　　**4** a. sweeps　b. slide

•해석

이 스포츠의 선수들은 큰 돌들과 긴 솔들을 필요로 한다. 그들은 이것을 얼음 위에서 한다. 이 스포츠는 무엇일까? 이것은 겨울 스포츠인 컬링이다. 컬링에서는 각 팀에 네 명의 선수가 있다. 각 팀은 8개의 돌을 가진다. 한 선수가 얼음 위 표적을 향해 돌을 미끄러지듯 굴린다. 그 표적은 '집'이라 불린다. 다른 선수들은 얼음 위를 솔질한다. 이렇게 함으로써, 그 돌들은 표적에 더 가깝게 이동한다. 그러나 선수들은 돌들을 솔로 건드리면 안 된다. '집'에 가장 돌이 가까운 팀이 점수를 획득한다.

•해설

1 (A) Each team은 단수 취급하므로 단수 동사 has가 와야 한다. (B) 솔로 건드리면 안 된다는 주의점이 뒤에 나오므로 역접의 연결사 However가 와야 한다. (C) 조동사 should 뒤에는 동사원형이 와야 한다.

2 선수들이 굴리는 돌이 '집'이 아니라 돌이 가까이 가는 표적이 '집'이므로 ④는 내용과 일치하지 않는다.

3 score는 '점수를 획득하다'라는 동사와 '점수'라는 명사로 사용될 수 있다.

> • 나는 다음 게임에서 골을 넣을 거야.
> • 너는 시험에서 좋은 점수를 받았니?

4 a. Lisa는 빗자루로 바닥의 먼지를 청소한다. 그녀는 (바닥을) 쓴다.
　 b. 겨울에 얼음에서 미끄러지는 것은 재미있다.

•구문

• **One player** slides the stones toward a target on the ice. ~ **The other players** sweep the ice with brushes.
　→ One player는 네 명의 선수 중 선수 한 명을 가리키고 the other players는 나머지 선수 세 명을 가리킨다.
• The target **is called** 'the house.'
　→ is called는 수동태로 '~라고 불리다'라는 뜻이다.

⊃ 워크북 124쪽

Workbook　Ⓐ **1** 솔　**2** 가까이; 가까운　**3** 점수를 획득하다　**4** (솔이나 빗자루 등으로) 쓸다　**5** 미끄러지듯 굴리다, 미끄러지다　**6** 움직이다　**7** 돌　**8** 점수　**9** 건드리다　**10** 표적
　　　　　　Ⓑ **1** need big stones and long brushes　**2** One player slides the stones toward a target
　　　　　　3 The target is called　**4** The other players sweep the ice with brushes.　**5** the stones move closer to their target

● 정답

1 ④ **2** ① **3** lay eggs **4** a. Mammals b. temperature

● 해석

고래는 거대한 바다 동물이다. 고래는 거대한 물고기처럼 보이지만, 그것은 물고기가 아니다. 그것은 포유동물이다. 대부분의 물고기는 알을 낳지만, 사람처럼 고래는 새끼를 출산한다. 게다가 새끼 고래는 모유를 먹는다. 그밖에 고래는 사람과 어떤 공통점이 있을까? 고래의 체온은 사람처럼 항상 일정하다. 그러나 물고기는 냉혈동물이다. 그들의 체온은 차갑거나 따뜻한 물에서 변한다.

● 해설

1 (A) 앞에서 고래는 큰 물고기처럼 보인다고 했고, 이어지는 내용에서 물고기가 아니라고 말하고 있으므로 '그러나'의 의미를 가진 but이 적절하다. (B) 앞에서 물고기는 알을 낳는다고 했고, 이어지는 내용에서 사람처럼 고래가 새끼를 출산한다고 말하고 있으므로 여기도 '그러나'의 의미를 가진 but이 적절하다. (C) 고래의 새끼들이 우유를 먹는다는 내용은 앞에 고래들이 출산한다는 내용에 추가된 정보이므로 '게다가, 또한'의 의미를 가진 Also가 적절하다.

2 고래는 물고기처럼 보이지만 물고기가 아닌 포유류이다.

3 '대부분의 물고기는 알을 낳지만 고래는 사람처럼 새끼를 출산한다'는 내용에 비추어 빈칸에는 lay eggs가 들어가는 것이 알맞다.

> 고래는 물고기가 하는 것처럼 알을 낳지 않는다. 그들은 새끼를 출산한다.

4 a. 포유류는 사람, 개, 사자, 그리고 고래 같은 동물이다. 그들은 새끼들을 출산하고 그들에게 모유를 먹인다.
b. 오늘 온도가 5도 올라갔다. 섭씨 30도이다.

● 구문

• However, **fish** are cold-blooded.
→ fish는 단수와 복수 형태가 동일한 명사이다.

↪ 워크북 125쪽

Workbook Ⓐ **1** 거대한 **2** 인간 **3** 고래 **4** (아이·새끼를) 낳다 **5** 포유동물 **6** (알을) 낳다 **7** 냉혈의 **8** 큰, 거대한 **9** 체온, 온도, 기온 **10** 공통적으로 가지고 있다
Ⓑ **1** looks like an enormous fish **2** give birth to their babies **3** have in common with humans **4** is the same as that of humans **5** fish are cold-blooded

⊃ 본책 82쪽

story Ⓐ ◖소재◗ 물과 식물에게 보내는 감사의 말

◖정답◗

1 ④   **2** we cannot live, cooking   **3** ④   **4** a. Oceans b. without

◖해석◗

우리는 물에게 감사해야 한다. 모든 생명체는 물을 필요로 한다. 물은 생명이다. 우리는 비, 개울, 강과 바다 같은 다양한 형태로 물의 힘을 알고 있다. 물은 우리가 많을 일을 하도록 돕는다. 예를 들어, 우리는 <u>그것으로 청소하고, 요리하고, 또는 무엇인가를 재배할 수 있다.</u> 우리는 깨끗한 물을 당연한 일로 여겨서는 안된다. 또한, 우리는 식물들에게 감사해야 한다. 그들은 놀라운 일을 많이 한다. 그들은 우리에게 음식을 준다. 그들은 우리에게 아름다운 꽃을 준다. 그들은 우리에게 약을 주고 질병을 치료하는 데 도움이 된다. 우리는 요리하고, 옷을 만들고, 그리고 집을 짓는 데 그것들을 사용한다. 그것들은 또한 공기 중에 산소를 만들어낸다. 우리는 그것들 없이 살 수 없다.

◖해설◗

1 물로 청소하고, 요리하고, 무엇인가를 재배할 수 있다는 것은 물이 우리를 위해 해 주는 일의 예이므로 Water helps us do many things. 뒤에 오는 것이 자연스럽다.

2 물과 식물은 둘 다 우리가 필요로 하는 것으로 그것들이 없으면 우리는 살 수 없다고 했다. 또한 둘 다 요리 (cooking)를 하는 데 사용한다고 언급했다.

> 질문: 물과 식물이 갖는 공통점은 무엇인가?
> 대답: 그들이 없으면 <u>우리는 살 수 없다</u>. 우리는 그것들을 <u>요리하는</u> 데 사용한다.

3 We use them for cooking, making clothes, and building houses.라는 문장을 통해 식물들을 집 짓는데 사용할 수 있는 것을 알 수 있다. 따라서 ④가 일치하지 않는 내용이다.

4 a. <u>대양</u>은 바다보다 크다.
   b. Fred는 컴퓨터가 없다. 그는 컴퓨터 <u>없이</u> 산다.

◖구문◗

• They **give us food**.
   → 「give + 간접목적어(us) + 직접목적어(food)」로 이루어진 문장이다. They give food to us.로 쓸 수도 있다.
• We use them **for cooking, making** clothes, and **building** houses.
   → 전치사 for 뒤에는 동명사가 온다. cooking, making, building이 for의 목적어로 쓰였다.

⊃ 워크북 126쪽

Workbook   Ⓐ **1** 생명 **2** 놀람, 놀라운 일 **3** 생산하다 **4** 형태 **5** 질병 **6** 대양 **7** ~에게 감사하다 **8** 산소 **9** 약 **10** 개울 **11** 치료하다 **12** ~ 없이 **13** 생물 **14** 옷 **15** 식물 **16** 힘
   Ⓑ **1** living things need water **2** take clean water for granted **3** They give us medicine **4** for cooking, making clothes, and building houses **5** cannot live without them

story **B** **소재** 연어의 일생

정답

1 ① **2** ④ **3** ③ **4** a. senses b. physical

해석

연어는 민물 개울에서 태어난다. 그들은 바다로 나가기 전에 성장하는 데에 1년에서 3년까지 보낸다. 일단 대양으로 나가게 되면, 그들은 계속해서 자라고 성장할 것이다. 최대 5년까지 그들은 대양을 헤엄쳐 다닐 것이다. 그들이 알을 낳을 준비가 되면 그들의 몸은 신체적인 변화를 겪을 것이다. 가장 놀라운 것은 그들이 자신들의 고향 개울로 나아가려 한다는 것이다. 어떤 연어는 자신의 고향 개울로 돌아가기 위해 1,400킬로미터 이상을 여행하고 2,100미터를 올라갈 것이다. 정확한 방법은 <u>알려져 있지만(→ 알려져 있지 않지만)</u> 많은 과학자들은 연어가 그들의 후각을 이용하여 자신의 고향 강을 인지한다고 믿는다.

해설

1 연어가 태어나서 성장하고 알을 낳기까지의 일생이 소개되어 있으므로 제목으로는 ①이 가장 적절하다.
　① 연어의 일생　　　　　　　　　　　② 개울 속의 연어
　③ 연어가 먼 거리를 여행하는 방법　　④ 연어가 대양에서 헤엄치는 방법
　⑤ 연어와 다른 어류의 차이점

2 마지막 문장의 앞뒤가 but으로 연결된 것으로 보아 연어가 회귀하는 정확한 방법은 알려져 있지 않다는 내용이 적합하므로 ⓓ는 known이 아니라 unknown이 되어야 한다.

3 연어가 대양에 나가게 되어도 계속해서 자라고 성장한다고 했으므로 ③은 글의 내용과 일치하지 않는다.

4 a. 우리에게는 다섯 가지 감각들이 있다. 그것들은 시각, 청각, 후각, 미각, 그리고 촉각이다.
　b. 요가는 정신적 그리고 <u>신체적</u> 건강 둘 다에 좋다.

구문

• They **spend** *one to three years* **growing** before they go out to the sea.
　→ 「spend + 시간 + -ing」 구문은 '~하는 데 …의 시간을 보내다'라는 뜻이고 one to three years는 '1년에서 3년'을 나타낸다.
• ~, but many scientists believe **(that)** salmon use their sense of smell and recognize their home rivers.
　→ believe 뒤에는 목적어 역할을 하는 명사절을 이끄는 접속사 that이 생략되어 있다.

⊃ 워크북 127쪽

Workbook

Ⓐ **1** 계속하다　**2** 연어　**3** ~할 준비가 되다　**4** ~하기 위하여　**5** 감각　**6** ~까지　**7** 돌아가다　**8** 일단 ~하면　**9** 방법, 장치　**10** 신체적인　**11** 민물의　**12** 겪다　**13** 정확한　**14** 자라다　**15** 인지하다　**16** 성장하다

Ⓑ **1** are born in freshwater streams　**2** They spend one to three years growing　**3** continue to grow and develop　**4** make their way to their home streams　**5** use their sense of smell and recognize their home rivers

MEMO

MEMO

중학도 역시 EBS

하루 한 장으로
중학 수학 실력 UP

인터넷·모바일·TV
무료 강의 제공

MON	TUE	WED	THU	FRI	SAT	SUN
				화이팅! ① ♥	②	3
④	⑤	한장끝! ⑥	⑦	8	9	10
11	12	13	14			17
18	19	20	21			4
25	26	27	28			

| 1(상) | 1(하) | 2(상) | 2(하) | 3(상) | 3(하) |

중학 수학은
한 장 수학으로
이렇게!

하나!

하루 한 장으로
가볍게 **습관 들이기**

둘!

기초부터 시작해서
문제로 **완성하기**

셋!

서술형·신유형 문항도
빠짐없이 연습하기

중/학/기/본/서 베·스·트·셀·러 ————————

교과서가 달라도,
한 권으로 끝내는
자기 주도 학습서
뉴런

국어 1~3   영어 1~3   수학 1(상)~3(하)

사회 ①, ②   과학 1~3   역사 ①, ②

문제 상황		뉴런으로 해결!
 학교마다 다른 교과서	⋯⋯→	어떤 교과서도 통하는 중학 필수 개념 정리
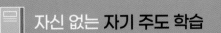 자신 없는 자기 주도 학습	⋯⋯→	All-in-One 구성(개념책/실전책/미니북), 무료 강의로 자기 주도 학습 완성
풀이가 꼭 필요한 수학	⋯⋯→	수학 강의는 문항코드가 있어 원하는 문항으로 바로 연결